有料更有趣的朝代史

3
夕阳残照

莫忆城 编著

浙江工商大学出版社
·杭州·

图书在版编目（CIP）数据

清史 / 莫忆城编著. —杭州：浙江工商大学出版社，2022.9（2024.1重印）

（有料更有趣的朝代史 / 胡岳雷主编）

ISBN 978-7-5178-4833-2

Ⅰ.①清… Ⅱ.①莫… Ⅲ.①中国历史—清代—通俗读物 Ⅳ.①K249.09

中国版本图书馆CIP数据核字（2022）第021190号

清 史
QING SHI

莫忆城 编著

责任编辑	张晶晶
责任校对	韩新严
封面设计	吕丽梅
责任印制	包建辉
出版发行	浙江工商大学出版社
	（杭州市教工路198号　邮政编码310012）
	（E-mail: zjgsupress@163.com）
	（网址: http://www.zjgsupress.com）
	电话：0571-88904980，88831806（传真）
排　　版	北京东方视点数据技术有限公司
印　　刷	唐山富达印务有限公司
开　　本	787mm×1092mm　1/32
印　　张	28
字　　数	620千
版 印 次	2022年9月第1版　2024年1月第2次印刷
书　　号	ISBN 978-7-5178-4833-2
定　　价	198.00元（全四册）

版权所有　侵权必究

如发现印装质量问题，影响阅读，请和营销与发行中心联系

联系电话　0571-88904970

目　录

第一章　有心无力的嘉庆

和珅跌倒，嘉庆吃饱 _ 003

被逼无奈的起义 _ 006

无力回天 _ 009

死不瞑目 _ 013

弹弓打皇位 _ 016

女王来贩烟 _ 019

鸦片贩子的克星 _ 024

微焦再现虎门销烟 _ 029

遮羞破布化炮灰 _ 033

到梦醒的时候了 _ 039

皇帝也无奈 _ 042

一死百了 _ 045

第二章　太平城的太平军

残疾君王有妙计 _ 051

"四无"皇帝 _ 054

"上帝"也疯狂 _ 056

封个王来当当 _ 060

自欺欺人大同梦 _ 062

天王梦碎了 _ 065

惹不起，躲得起 _ 069

回光返照，大势难返 _ 073

第三章　签到手软的各色条约

英军轰不开的城门 _ 081

卷土重来要你好看 _ 086

可惜了那园子 _ 099

第四章　清末"女皇"慈禧

贵人的那点心计 _ 105

牝鸡司晨 _ 109

女人来要权 _ 114

暗箱操作清末政治 _ 119

见书头疼，说玩眼放光 _ 123

沉迷酒色的同治帝 _ 126

第五章　又一个傀儡

尚未破解的死亡谜团 _ 135

被抱来的小皇帝 _ 138

被当皇帝很受挫 _ 143

边疆耕田促民合 _ 148

第六章　解密清朝四大奇案

八尸九命，灭门惨案 _ 155

刺马案背后的暗流 _ 161

官斗的牺牲品 _ 169

名伶杨月楼风月案 _ 176

第七章　洋务运动：未富未强先破产

洋务运动的兴起 _ 183

清末出国热 _ 194

强军之梦，洋务派的奋争 _ 199

技术立国，学皮毛 _ 203

安内攘外，师夷长技以自强 _ 208

旱路不通走水路 _ 214

第一章
有心无力的嘉庆

乾隆后期，由于已是封建社会的末路，致使大清早非盛世之模样。虽说康乾盛世的余音仍在，但留给嘉庆帝的，却是一个无从下手的乱摊子。嘉庆本身无甚大才能，他所能做的，只有尽力维护统治。而他的继任者，则将大清帝国带入了万劫不复的深渊。

和珅跌倒，嘉庆吃饱

和珅崛起于1776年，也就是乾隆四十一年，此后专权长达20多年。在此期间他外结封疆大吏、领兵大员，内掌吏部、户部、兵部，对刑部、工部、礼部等部门也颇具影响力，真正是权倾朝野，不可一世。在此期间，他疯狂搜刮民脂民膏，胆大妄为，已经到了无法无天的地步。

到乾隆驾崩之前，和珅身兼数个要职，影响着六部，堪称是百官之首，二人（乾隆和嘉庆）之下万人之上。在清王朝历史上，作为一个大臣，和珅曾经拥有的地位空前绝后，绝无仅有。

尤其值得一提的是，就像祖父雍正一样，作为帝王中最节俭的皇帝之一的嘉庆，最恨贪污。他认为朝廷许多矛盾的根源就在于官吏的贪腐。嘉庆所接手的是一个财政赤字严重的乱摊子，而和珅却肥得流油。

不仅位高权重，而且贪婪成性。身具这两大为帝王所忌惮之特点的和珅自然是嘉庆要清洗的首要对象。

嘉庆对于除掉和珅是蓄谋已久的，因此，乾隆一死，锄奸行动就立即展开。和珅虽然预感到大事不妙，但对嘉庆的计划却一无所知。他对乾隆的心思揣摩得不可谓不透彻，但对新皇帝嘉庆就知之甚少了。他根本不知道，在嘉庆的安排下，被他视为眼中钉肉中刺的朱珪已经悄悄到了京城，在靠紫禁城较近的东华门的一套小院藏身，指点和协助嘉庆的锄奸行动。

早在乾隆驾崩之时，嘉庆即令和珅守灵，把和珅软禁在乾隆的灵堂上。这样就切断了和珅同外面的所有联系，即使一生兵权在握，此时也无法调兵。很快，嘉庆就开始来处置和珅。他首先颁布了一道上谕：将南方白莲教战事责任归咎于和珅。紧接着，一个叫王念孙的人向朝廷上了奏章，列举和珅的种种罪状。嘉庆借机就免取了和珅大学士等重要职务，并把他软禁。在议定对和珅的处置时，直隶总督胡季堂首先表态说，和珅是罪大恶极，应当处置。他一带头，各地官员也纷纷表态，嘉庆就此得到舆论的支持。

得到臣子们的支持后，嘉庆命人查抄了和府，查获金银财物、房产、产业无数，总价值约9亿两白银，相当于乾隆年间两年半的税收，其中不乏各地进贡给皇上却被和珅私自窃取的贡品。嘉庆勃然大怒，当即宣布了和珅二十大罪状，谴责和珅辜负了先皇信任，愧对先皇的恩宠。因此，在大丧期间处置这位先皇的宠臣也就成了安慰先皇在天之灵的理所当然的事了。正月十八日，在京文武大臣奏请嘉庆帝将和珅立即正法，处以凌迟之刑。对和珅，嘉庆是非杀不可，但也还是要故作姿态，表示一下自己对先皇的尊敬、对大臣的恩典，也要顾及朝廷的脸面。因此，在让和珅多活了几个月后，嘉庆宣布：和珅虽然犯下种种罪行，但念其在先帝驾前多少有那么一点功劳，而且又是朝廷大员、新晋的公爵，朕不忍心让他遭受凌迟之苦，就赐他自尽吧！和珅的同党福长安一直以来阿附和珅，此时也被削夺了职爵，判了斩监候，也就是死缓。嘉庆特别命人将福长安压到和珅所在的牢房，跪在那看着和珅自尽。

在朱珪的指点下，嘉庆对和珅的处置显示出了极高明的政治手腕。和珅为官多年，党羽众多，阿附者甚众，对和派如果连根拔起，不免让朝局动荡，政务瘫痪。因此，嘉庆虽然迅速处死和珅，却没有将事态扩大，也没有株连九族。和珅的弟弟当时早已经死了；和珅的儿子丰绅殷德因为是额驸，也没有被杀。乾隆朝重臣傅恒的儿子福长安本是和珅的死党，虽然判了斩监候，但最终还是没有杀，还予以任用。和珅府里养了一个先生，也是和珅的同党，常为和珅出谋划策，最终也只给了一个处分了事。其他经和珅推荐而得以任用的官员，也没有因和珅倒台而被株连，仍任原职。因此，虽然权势极大的和珅被除掉了，但当时的清廷就仿佛只是下了一场短促的骤雨，保持了稳定。

作为封建时代中国历史上数一数二的巨贪，和珅为官一生搜刮无数，最终却为他人作嫁衣裳，解决了正发愁国库空虚的嘉庆帝的燃眉之急，还搭上了自己的一条性命。正所谓和珅跌倒，嘉庆吃饱。

被逼无奈的起义

> 内外朝臣尽紫袍,何人肯与朕分劳。
> 玉杯饮尽千家血,银烛烧残百姓膏。
> 天泪落时人泪落,歌声高处哭声高。
> 平时慢说君恩重,辜负君恩是尔曹。

这首诗包含了嘉庆皇帝的一种仁爱思想,他不仅看到了黎民之苦、苍生之苦,更看到了清王朝官僚阶级的贪污腐败,但是这些是不够的。他接手的大清江山,在光鲜的外表下,各种矛盾危机也蠢蠢欲动。诛和珅、惩贪官,并不能完全扼杀腐败社会现象下的阶级矛盾,换句话说,阶级矛盾靠武力镇压只是治标,但不能治本。皇帝之所以仁爱,是因为他要维护爱新觉罗氏的王朝霸业,从统治者维护自身统治的角度讲,白莲教被视为乱党,镇压乱党、肃清敌对力量是统治阶级维护根基的必然举措。然而,从被镇压的一方讲,之所以揭竿起义则也是由于统治阶级的腐败。

白莲教起义时打出的口号是"官逼民反"。中国的老百姓其实是最容易满足的，造反这种杀头之罪若不是被逼上绝路谁也没有胆量去做。统治阶级的昏庸腐败导致民不聊生，被逼无奈情况下，他们才走上了揭竿起义之路。

事实上，乾隆时期清朝达到了前所未有的极盛。前期时，乾隆勤于政事，能谋有断，在其"宽严相济"的政策下，举国臣工俯首帖耳，勤于职守，经济也呈全面繁荣状态。

繁荣的经济导致了人口的急剧增长，而人口增长带来的压力也日益明显。乾隆帝曾经说过"承平日久，生齿日繁，盖藏自不能如前充裕"，还说"生之者寡，食之者众，朕甚忧之"。为缓解压力，乾隆时期继续开荒垦地，但这远远不能满足新增人口对土地的需求。很多农民都失去了土地，沦为佃农，也使更多的人背井离乡、四处漂泊乞讨，社会的不安定因素随之增加了。

达到了"极盛"后，乾隆皇帝志得意满。他的执政方针从前期的"勤奋进取"变成了后期的"保盈持泰"，对官员们也"多从宽厚""不为已甚"。他还在全国许多地方大兴土木，修筑无数的离宫别苑、寺院庙宇，耗费了大量人力财力。乾隆一生六下江南，每次南巡都大肆铺张浪费，绅商供奉，耗财劳民。

君主的作风为臣子树立了"榜样"。乾隆年间，官员手中掌握的经济、人口、社会资源也都比康熙、雍正时大为增长。专制权力成了滋生腐败的温床。到乾隆朝中后期，大清王朝的政治腐败已经呈现集团化、公开化、规则化。官僚们对腐败已经不以为耻、反以为常。每遇生辰节日，各级官吏都要借机大肆收受甚至搜要贡品。

受官场风气影响，居于社会中层的地主、富商，奢侈腐化也普遍成风。譬如怀柔有一个姓郝的地主。乾隆帝出巡在他家驻跸时，郝氏为乾隆及随行官员、侍从准备的吃喝每日就耗费十余万。京师有个姓祝的米商,富敌王侯,家有房屋千余间,府内的园亭10天都赏不尽。地主们的钱财不是天上掉下来的。随着当时社会经济的恢复和发展,地主阶级加紧了土地兼并,通过圈占、强买和高利贷等各种手段巧取豪夺,吞占了大片土地,仅朝廷和皇室所控制的"官田""皇庄"总面积就已达八千余万亩,占全国总耕地面积的1/7还多,以至于许多地方富者良田万顷,贫者却无立锥之地。

富者益富,贫者日贫。在这种情况下,白莲教成为这些挣扎在生死线上的苦农民、流民和失业的手工业者的最后希望。在白莲教领导者的鼓动下,他们先是哄抢豪绅富户,进而开始攻城略地,星星之火渐成燎原之势。

白莲教的起义让清政府感到了严重的威胁。从乾隆五十八年开始,清王朝对白莲教教徒进行了残酷的屠杀。后有官吏、豪强的层层盘剥,前有清王朝的无情杀戮,朝廷完全不给活路的做法不仅没有吓倒本来就已绝望的起义者,反而激发了他们对清廷的仇恨和反抗情绪。从此开始,几十年间,白莲教起义几乎没有停止过。

无力回天

经过康熙、雍正、乾隆初期的励精图治之后，清王朝进入了它的鼎盛时期，中央集权发展到巅峰。到了乾隆末期以后，在盛世面纱的掩盖下，土地高度集中、民生困顿、财政困难、吏治败坏、军备废弛，盛世之谓徒有虚名。尽管白莲教已经被重创，减少了活动，但东南沿海的海盗、广东等地的天地会、京畿地区的天理教等势力却变得活跃起来，西方列强也蠢蠢欲动。

嘉庆皇帝接手的大清国，已是开始走下坡路的大清国，远不能与所谓的"康乾盛世"时期相提并论。

腐败问题是矛盾之一，尽管嘉庆杀了和珅，撤换6个总督，发起惩贪高潮，但其后各地贪官依然不思收敛，贪污日甚一日。

在康乾时期，府库充盈，贪腐问题造成的危害还可以掩盖。但因为乾隆不断用兵，大量消耗了国库；同时，乾隆极重享乐，六次南巡挥霍无度，各种典礼也是铺张浪费；为了博取美名，乾隆又五次免除全国赋税……种种原因造成国库出多入少，严重影响了政府的正常运转。为了维持运转，各地许多官府四处借债，欠了债，官府自己生不出钱来，只能加倍转嫁到老百姓头上，通过各种名目的苛捐杂税来敛财偿还。这就加重了人民的负担。

军队是保证统治稳定和国家主权的暴力机构。军队要能打仗，对内能镇压起义、造反，对外能维护主权。因此，国家强大与否，军力是重要指标之一。清朝早期，八旗军战斗力很强，是建州女真人主中原的重要支持力量。但入关后，优越的生活腐化了八旗官兵，再加上军官贪财、士兵疏于训练，战斗力严重退化，军人的荣誉感丧失殆尽。

嘉庆在位时，内务府曾经有一个叫陈德的厨子，在内务府工作5年后被辞退。陈德的妻子当时已经去世，家中有两个未成年的儿子，一个15岁，一个14岁，此外还有一个瘫痪在床的岳母。没了工作的陈德自觉生活没有了希望，想自寻短见，又觉得默默自杀无人知道，总归是枉死。因此，1803年，也就是嘉庆八年闰二月二十日那天，陈德混进宫中。等嘉庆经过时，他手持身佩小刀冲向嘉庆。当时嘉庆身边有百余名侍卫，居然只有6人上前护卫，其余都袖手旁观。幸亏嘉庆的姐夫——七额驸拉旺多尔济出手将陈德拿下，虚惊一场。从中可以看出，嘉庆时的军队问题已经十分严重。

对于清王朝的这种现状，嘉庆帝也十分清楚。在他的《遇变罪己诏》中，他称：

> ……我大清国一百七十年以来，定鼎燕京，列祖列宗，深仁厚泽，爱民如子，圣德仁心，奚能缕述？朕虽未能仰绍爱民之实政，亦无害民之虐事，突遭此变，实不可解。总缘德凉愆积，惟自责耳。然变起一时，祸积有日，当今大弊，在"因循怠

玩"四字，实中外之所同，朕虽再三告诫，奈诸臣未能领会，悠忽为政，以致酿成汉唐宋明未有之事。较之明季梃击一案，何啻倍蓰？言念及此，不忍再言。予惟返躬修省，改过正心，上答天慈，下释民怨……

这是嘉庆对执政以来所遇之事的总结，的确是由心而发，其态度之诚恳，让人们不得不对这位"平庸"的皇帝的内心世界有了更深的了解。

嘉庆亲政后，可谓是危机连连。嘉庆二十三年，在经历了一系列的问题之后，嘉庆皇帝准备东巡。

在清朝，所谓的东巡指的是皇帝出巡清王朝的发祥地：盛京、吉林、黑龙江等地。那里，有着爱新觉罗氏先祖们的陵寝，有着大清帝国龙兴的根基。因此，清代数位皇帝对东巡一事都表现出特别的重视，自清军入关后，在200多年的时间里，康熙、乾隆、嘉庆、道光四帝共计10次亲赴东北，祭祖谒陵，以表示自己不忘祖先、不丢根本的态度。

皇帝出巡，地动山摇，就算再节俭，所耗费的钱粮也是惊人的。生性节俭的嘉庆历来禁止铺张浪费，甚少出巡，唯独东巡执意要去。

此次东巡，嘉庆是顶着巨大阻力上路的。当时，大臣们普遍认为，在财政困难的当下，像东巡这样并非必须举行的典礼，应该能缓则缓，能罢则罢。但嘉庆皇帝心意已决，甚至不惜惩治了阻谏的大臣。当终于站在祖陵面前时，嘉庆皇帝说：

子孙若稍存偷安耽逸之心，竟阙此典，则为大不孝，非大清国之福，天、祖必降灾于其身，百官士庶，若妄言阻止，则为大不忠，非大清国之人，必应遵圣训立置诸法，断不可恕，况乱臣贼子，岂可容乎？

在这次东巡过程中，嘉庆多次强调：大清江山来之不易，各位臣工、八旗子弟应该继承祖先艰苦奋斗的优良传统。他试图通过自己的强调来引导大清王朝实行"守成"和"法祖"的发展方针。

这一段时期，嘉庆的政治手腕可圈可点，颇有乃祖雍正的风范。成熟稳重的嘉庆已经意识到清朝面临着一场严重危机，如果置之不理，大清基业很可能就在他的手中断送。因此，他采取了一些果断手段，希望解决问题。然而，时代在发展，社会在进步，延续了2300多年的中国封建社会此时已经落后于时代，正是穷途末路。嘉庆的努力在时代的前进步伐面前无异于螳臂当车。所以，嘉庆虽然在亲政初期颇有作为，但随着问题的不断出现，也渐渐无可奈何了。

死不瞑目

嘉庆二十五年（1820年）七月，年过花甲的嘉庆皇帝，率领着大队人马第16次到承德避暑山庄避暑。按原定计划，嘉庆要在避暑山庄度过整个夏天，一直住到中秋后，到木兰围场举行秋狝大典后，再从避暑山庄返京。

抵达避暑山庄当天，嘉庆到永佑寺中祭拜了康熙、雍正和乾隆，然后回到烟波致爽殿，又处理了两件并不算紧急的公务，也就休息了。

第二天，七月二十五日，嘉庆感到呼吸急促，胸口疼痛，说话很吃力，急忙传太医诊治。太医诊脉之后，认为嘉庆只是轻微的中暑，嘉庆自己也觉得并无大碍，因此没有重视。没想到到了中午，嘉庆的病情加重，呼吸更加困难，处于半昏迷状态。太医对此束手无策。到了傍晚，承德一带降下暴雨，天空乌云密布，电闪雷鸣。一个突如其来的霹雳使嘉庆受到惊吓，病情再次加重。没多大一会儿，嘉庆皇帝就驾崩了，终年61岁，在位25年，死后被葬于昌陵，庙号为仁宗睿皇帝。

嘉庆一生没有得过大病的记录。鉴于康熙、乾隆的高寿，以及自己身体状况的良好，嘉庆深信自己也是长寿之人，活个八九十岁是大有希望的。因此，在批评大臣操办嘉庆六十寿辰庆典太过破费的上谕中，嘉庆还表示他的七十、八十、九十寿辰都要从简办理。由此可见，嘉庆对自己的寿命是很乐观的。谁都没有想到身体一直好好的嘉庆居然暴病而亡。有人根据官方记载推测，怀疑嘉庆是在年高体胖的情况下过度忧虑疲劳，外加天气炎热，猝发心脑血管疾病而死的。

嘉庆皇帝自继位之后，在勤政上有雍正遗风。他曾踌躇满志，想要扭转乾坤，振兴大清。但他的才能和清王朝当时的状况使他空有理想而无法实现。在位25年，嘉庆始终没有盼来复兴的局面，自己却被长期的劳累、伤神、苦恼、忧郁和烦躁带到了生命的尽头。

嘉庆作为一代帝王，虽然没有完成大清中兴的伟业，修复帝国的千疮百孔，但从个人品行上，也算得上是一位明君。

嘉庆皇帝算得上是清代最勤政的皇帝之一。在位二十几年，每日早起，洗漱之后，他都会严格恪守祖训，恭敬地端坐在书案前阅读一卷先朝《实录》。他每日里于早膳后召见大臣议政，每天披览奏折甚至废寝忘食，从不懈怠。

因为时局艰难，嘉庆非常注重节俭，对奢侈浪费深恶痛绝。在嘉庆51岁寿辰的时候，御史景德曾奏请按照乾隆朝的做法在京城请戏班演戏10天以为庆贺，并请求以后嘉庆每年过生日都循此例。嘉庆为此勃然大怒，指责景德是要让朝廷行铺张浪费之事，于民生有害，立即将景德革职。嘉庆两次东巡，不带一嫔一妃，不准兴建行宫，一路都是住在毡帐中。

在用人上，嘉庆尤为注重品德，最厌恶贪污败德的人。这固然让贪污腐败之风多少受到了一点限制，但也导致嘉庆朝政坛上没有出现杰出的人才。

嘉庆于那个重要时期登台执政，也就肩负了振兴大清的使命。在25年的执政生涯中，他一直殚精竭虑地去努力，却终究未能如愿地扭转局面。在死前，嘉庆曾给继位之君留下叮嘱：一定要根治腐败、鸦片、水患。

嘉庆死了，带着不甘与希望撒手人寰。在他之后，清王朝何去何从？

弹弓打皇位

嘉庆十八年，发生了一场震惊朝野的林清之乱。自乾隆中后期起，阶级矛盾越来越尖锐，尽管乾嘉年间的白莲教大起义已被扑灭，但残余势力并没有被肃清，他们继续变换着名目在北方活动，寻找时机反击。打着反清复明旗号的天理教就是其中的一支。他们在京城的活动十分活跃，主要目标就是伺机攻打紫禁城。活动的首领之一名为林清，经推算，确定嘉庆十八年九月十五为起事吉日。当时恰逢嘉庆皇帝去了承德，京城人心浮动，防守空虚。林清自感机不可失，便如期举事。

到了九月十五中午，近百名天理教徒分别突袭紫禁城的东华门和西华门。他们之前就买通了几个信奉天理教的太监做内应，得以顺利混入紫禁城中。因为不慎，这些起义军在东华门暴露了身份，而从西华门而入的另外 50 多人则在前来接应的小太监的引领下顺利闯进宫门。由于路上耽搁了时间，等他们冲到隆宗门的时，清宫守门侍卫已经闻讯关闭了大门。

此时，恰好皇子旻宁正在上书房读书。时年 32 岁的旻宁是嘉庆次子，原本陪着嘉庆一同去了承德，后来提前回京，正赶上这场事变。当时，宫内人心惶惶，后妃们吓得哭成一团，太监们四处逃窜，侍卫们不知所措，闻讯赶来的王公大臣也不知如何是好。在此紧要关头，旻宁挺身而出，命令各门戒严，并派人调集援军，自己则站在养心殿前观察局势。

隆宗门紧闭，天理教徒分出一拨人撞门，又派五六人爬上养心殿对面御膳房的房顶，准备跳进去杀人开门。旻宁瞧见，当即举枪射击，一名教徒中弹坠墙而亡。当时都是火药枪，放完一枪需要重新装填。旻宁乍逢大事，心中也十分紧张，一时找不到弹丸，索性扯掉胸前的金扣子，装进枪膛再次射击，将另一名在屋顶上手持白旗的天理教小头目打落。其他教徒见状连忙退了回去。此时，增援的禁军也赶来了，射出羽箭，将教徒全部杀死。旻宁见危机稍缓，立即命禁军继续搜杀残余天理教徒，自己则到储秀宫安慰母后，同时命令西长街布置警戒，以防再出剧变。

嘉庆接到奏报后，对旻宁临变之时处变不惊的处置大加赞扬，夸赞自己的二儿子有胆有识，忠孝兼备，当即加封旻宁为智亲王，加俸银一万二千两，所用的火铳也被赐名为"威烈"。旻宁立了大功，却不张扬，表示自己当时心里也很害怕，有许多处置也不太恰当，请父皇恕罪。旻宁的这番表现让嘉庆更加满意。

嘉庆二十四年正月，嘉庆皇帝让旻宁代表他到太庙祭祖，这一举动使朝廷上下更有充分理由认定旻宁从嘉庆皇帝手里接过政权是势在必得的。

旻宁自小文武双全，深得皇祖父和皇父喜爱。嘉庆皇帝共有四子，长子已夭折，旻宁排行第二，顺理成章被视为长子了。并且，经过紫禁城平定天理教事件，旻宁立下大功，被封为智亲王，在三个兄弟中，爵位也是最高的。从这几个方面也能看出，旻宁继承大统的志在必得、顺理成章。

嘉庆二十五年七月二十五日，嘉庆皇帝驾崩。事出突然，群臣毫无准备。国不可一日无君，嘉庆暴亡，必须马上议定新君。

嘉庆因为是猝死，没有机会留下立储遗诏。选谁来继承皇位，关系到不同政治集团的利益，是一个重大问题。按照惯例，应该是长子继位。嘉庆的长子两岁时即暴病身亡，皇族宗室因此建议由二皇子旻宁来继位。孝和睿皇太后虽非旻宁生母，但非常赞成这个建议。

皇族宗室同孝和睿太后支持旻宁继承皇位的理由中，都提到了旻宁在紫禁城事件中的功劳，可见，此次事件不但使嘉庆皇帝对旻宁大为赞赏，也同样令群臣和后宫对旻宁刮目相看。这在他继承皇位的过程中起着至关重要的作用。

有宗室的支持，又有太后的懿旨，而且后来军机大臣托津、戴均元称在承德避暑山庄找到了嘉庆帝立储遗诏，遗诏称立皇次子旻宁继承皇位。这样一来，旻宁板上钉钉地成为清朝的第八位皇帝，年号道光。

女王来贩烟

(乾隆)五十八年,英国王雅治遣使臣马戛尔尼等来朝贡,表请派人入京,及通事浙江宁波、珠山、天津、广东等地,并求减关税,不许。

——《清史稿》

乾隆五十八年(1793年),在中西交流史上发生了一件具有划时代意义的大事——英国使臣马戛尔尼使华。当时,欧洲强国英国希望和东方强国中国正式建立外交关系,以求彼此开放贸易。为此,英国派出了庞大的使团,随员700多名,乘坐5艘战舰,满载英国工业革命以来最先进的冲锋枪、大炮、世界地图、纺纱机、蒸汽机等,漂洋过海来到中国。可惜,英国"蛮夷"平时给国王行礼也就是鞠躬,哪懂得天朝规矩。马戛尔尼坚持不给乾隆下跪,乾隆虽然接见了英国使节,但拒绝了英国使团的全部请求。

马戛尔尼的日记中写道:

中华帝国只是一艘破烂不堪的旧船,只是幸运地有了几位谨慎的船长才使它在近150年期间没有沉没。它那巨大的躯壳使周围的邻国见了害怕。假如来了个无能之辈掌舵，那船上的纪律与安全就都完了。

嘉庆二十一年（1816年），不死心的英国再次派人出使中国，希望强强联合，开放贸易。然而，嘉庆坚决要求使团行叩拜礼，英国正使阿美士德则坚持只能行脱帽鞠躬礼。仅仅因为一个参见礼节问题，英国主动的两次拜访都无功而返。

和平手段没有效果，使节们又看透了大清虚有其表的现实，这就使英国确立了日后武力叩关的方针。

由明至清的300多年来，中国一直奉行闭关锁国的政策，一方面禁止大陆人民出海离境与海外各国进行贸易往来；另一方面又严格限制和管理海外各国洋人来华贸易和活动。这种锁国的政策，使中国统治者养成了骄傲自大的虚荣心，不能正视其他国家的先进技术和产品。

清朝继承并发展了明朝的闭关锁国政策。清朝初年，为了打击郑成功等沿海抗清力量，清廷沿袭明朝海禁政策，规定"片板不许下水，粒货不许越疆"，禁止商民出海。自施琅收复台湾、郑氏给沿海地区带来的隐患不复存在后，"海禁"一度放宽，出现了松江、泉州、广州、宁波等对外开放的港口。然而到了乾隆年间，西方世界的殖民浪潮正是最烈的时候，他们对中国这个神秘而又富庶的东方古国自然垂涎三尺。而处于世界大变革中的清政府想到的不是顺应潮流，而是采用了鸵鸟政策，用闭关锁国的方式将自己与外界隔离开来。漫长的海岸线上，只留下广州一处开放口岸，对于涉外贸易更是严加限制。随着西方殖民主义的深入发展,清政府在乾隆之后,始终采取了这一政策,以求一片宁静的"桃花源"。

18世纪中叶,英国率先完成了资产阶级革命。以英国东印度公司为首的西方商人,一直希望打开中国市场。虽然康熙朝开放了广州、厦门、宁波等通商口岸,但完全满足不了英国商人贸易的需求。这和英国人心中所想的自由贸易相差甚远。一些英国商人不堪清朝官吏勒索,要求变更贸易路线,另开通商口岸。乾隆认为这是洋人居心叵测,断然拒绝。

实际上,中国与西方直接开展的正常贸易,到鸦片战争之前一直都是顺差。仅乾隆在位时的1781年至1790年短短9年,从中国输往英国茶叶一项就为中国赚取了9600万元;而同一时期英国输入中国的所有工业品,价值仅及茶价的1/6。19世纪初,每年从英国流入中国的白银在100万元至400万元之间。

但是,贸易逆差是英国难以容忍的,而清朝的贸易态度又使英国商人不能满足,这就使得英国政府和英国商人一致希望扩大中国市场,为此他们开始贩卖鸦片。

英国使团成员巴罗在书中对乾隆晚年中国社会上鸦片的流行程度做了这样的描述:

> 上流社会的人在家里沉溺于抽鸦片。尽管当局采取了一切措施禁止进口,还是有相当数量的这种毒品被走私进入这个国家……广州道台在他最近颁布的一份公告中指出了吸食鸦片的种种害处……可是,这位广州道台每天都从容不迫地吸食他的一份鸦片。

乾隆初年，英国商人第一次向中国输入鸦片。东印度公司员工偷偷把印度的鸦片运到广州进行售卖，尝到了甜头。每箱鸦片在印度的购价不过250印币，运到中国后，售价高达1600印币，翻了有6倍多。

鸦片税收成为英属印度政府的一项重要财源。为增加产量，东印度公司不断地开辟新的鸦片产区，研究怎样使鸦片更能符合中国人的需求，以求扩大鸦片的输出量。英国人认为鸦片有害，严格限制它的国内消耗，但并不限制用鸦片进行对外贸易，反而积极鼓励外销。许多英国鸦片贩在中国发了横财。据最大的英国鸦片贩子查顿说，在最好的年头，鸦片的利润高达每箱1000银元。

乾隆四十五年，乾隆皇帝重申雍正年间的禁令，禁止烟具的输入和贩卖。但当时中国对鸦片的危害认识并不深刻，因此，这道禁令成了一纸空文。清朝海关官吏高兴于英国商人的贿赂，为其放行。根据英国人自己的记载，鸦片在清朝虽然被禁止贩卖，但只要花一点钱向主管官员行贿，被朝廷禁止的鸦片买卖就成了合法的，可以公开进行。

19世纪最初的20年中，英国输入中国的鸦片每年约4000箱，到了1839年就扩大了10倍，利润达到每年4000万银元。鸦片贸易在英国的对华贸易总值中占到1/2以上。

靠鸦片的输出，英国政府一举扭转了对华贸易的逆差，中国则由两百多年来的出超国变成入超国。

鸦片贸易造成中国大量的现银外流，吸食地区也从"海滨近地"扩大到十数省，银荒已从沿海省份蔓延到全国各地。到鸦片战争前夕，中国每年白银外流至少1000万两，接近清政府每年总收入的1/4。白银大量外流使得银价上涨,百姓负担加重,各省拖欠赋税日益增多,清政府陷入了财政危机。而且,因为吸食鸦片,几百万中国人身体和精神上都深受毒害,中国的社会经济和国家财政遭受重大的破坏和损失。

鸦片贩子的克星

1840年的鸦片战争掀开了中国近代史的序幕，而提起这场以"鸦片"为名的战争，不免让人联想起民族英雄林则徐此前开展的种种禁烟斗争。

道光十七年（1837年）正月，林则徐升任湖广总督，以"修防兼重"的措施解决了当地夏季的河灾问题，使"江汉数千里长堤，安澜普庆，并支河里堤，亦无一处漫口"，贡献斐然。

清初，以英国为首的西方殖民国家为了扭转贸易逆差，回流白银，对中国采取倾销鸦片的恶毒手段，以此敲开中国的大门。鸦片大量流入中国，为殖民者带来大笔财富，却给中国带来了巨大的灾难，一方面，鸦片的大量输入严重冲击了中国的封建经济体制，使中国在对外贸易关系中开始处于逆差的地位。大量白银外流，使得清政府国库空虚，财政拮据，百业萧条；另一方面，成千上万的中国人因吸食鸦片上瘾，身心备受毒害摧残，家破人亡，民不聊生，而鸦片贩子大量行贿也加剧了清政府的吏治腐败。种种情况使人们要求禁烟的呼声越来越强烈。

道光十八年（1838年）六月，鸿胪寺卿黄爵滋等人上奏，痛陈鸦片祸害，揭发官吏包庇鸦片烟贩，主张坚决遏制鸦片的输入，并且加重对吸食者的惩治以禁绝鸦片。

据此，道光帝令各地督抚各抒己见，林则徐对黄爵滋的禁烟主张表示坚决支持，又提出六条具体的禁烟方案，并率先在湖广实施，收效甚好。在此后的两个月内，他三次主动上奏，重申严禁鸦片的重要性："若犹泄泄视之，是使数十年后中原几无可以御敌之兵，且无可以充饷之银。"他的建议坚定了道光帝禁烟的决心，道光皇帝曾先后8天召见林则徐，具体听取了林则徐关于禁烟的方略。道光十八年十一月，林则徐被授为钦差大臣，赴往广东主持禁烟，并节制广东水师，查办海口，收效显著。

1839年3月10日林则徐到达广州，成千上万的人挤在珠江两岸以示欢迎。3月18日，新官到任的林则徐就发布了两个谕贴，命外国鸦片商贩限期缴烟，并具结保证今后永不夹带鸦片。3月19日，他会同两广总督邓廷桢等传讯十三行洋商，要求其履行谕贴，但遭到英国驻华商务监督义律及外商的拒绝。他义正辞严道："若鸦片一日不绝，本大臣一日不回，誓与此事相始终，断无中止之理。"此后，林则徐下令禁止外国人离开广州，又采取包围商馆及查拿英国鸦片贩子等行动，终于挫败狡诈的义律和鸦片贩子，成功收缴英国趸船上的全部鸦片逾2万箱，约237万斤。

林则徐的收烟之举引起了外国人的愤怒，他们认为清政府想从此对鸦片实行专卖，垄断鸦片市场。不过出乎他们意料的是，在收缴鸦片以后，林则徐报告道光皇帝，要求验明数量，然后进行焚毁。

道光十九年四月二十二日（1839年6月3日）这天，林则徐在虎门海滩开始当众销烟，他让士兵在海滩上挖成两个十五丈见方的池子，灌入卤水，把鸦片切成小块投入卤水中，浸泡半小时后再投入生石灰，石灰遇水立即滚沸，冒出滚滚浓烟。整整花了23天的时间，收缴的鸦片才被全部销毁干净。

在查禁鸦片的这段时间里，林则徐曾经书写过这样一副对联："海纳百川有容乃大，壁立千仞无欲则刚。"这副对联既表现了他对自己广开言路、杜绝私欲的要求，同时也反映出他对于西学的一种接纳态度。这是因为在广州禁烟的过程里，林则徐意识到英国殖民者绝不会善罢甘休，很可能将以武力侵略中国。因此他进行了一系列"师敌之长技以制敌"的军事变革实践。

一方面，他亲自主持并组织翻译外国书报，将外国人对中国的评论译成《华事夷言》，这成为当时中国官吏的重要"参考消息"；为了解外国的军事、政治、经济情况，将英商主办的《广州周报》译成《澳门新闻报》；为了解西方的地理、历史、政治，组织翻译英国人慕瑞所著的《世界地理大全》，编为《四洲志》；他还组织翻译瑞士法学家瓦特尔的《国际法》等一系列著作。通过分析外国的政治、法律、军事、经济、文化等方面的情况，他更加深刻体会到只有向西方国家学习才能抵御外国的侵略。

另一方面，他着手整顿海防，从外国秘密购入200多门新式大炮配置在海口炮台上。又搜集并整理了大炮瞄准法、战船图书等资料以改进军事技术。组织官兵在东校场（今广东省人民体育场一带）学习西洋武器的使用，又招募了五千多渔民编成水勇，加强水防。

清宣宗道光帝

慈禧太后

1839年7月，义律以维护杀害中国村民的英国水手为由挑起九龙炮战和穿鼻洋海战。林则徐亲自前往虎门督战，取得反击的胜利。不过这只是战争的前奏，1840年6月，鸦片战争正式打响。英军先以广东福建为目标，久攻不下遂转战浙江，定海沦陷，英军继而北上入侵大沽。得知消息的道光帝惊恐万分，急忙派使求和。因遭小人诬陷，明明抗英有功的林则徐却被皇帝归责"办理不善"，多次下旨斥责，林则徐却依然为广州抗英奔走察看，四处招纳贤勇，又坚决反对钦差大臣琦善畏敌求和。他对此时负责主持粤战的奕山建议防御之策，却终不被采纳。是年十月，林则徐被道光帝革去两广总督之职，自1839年3月到达广州起，他已经主持禁烟抗英军事斗争长达19个月。期间，他敢于学习外国先进科学技术的精神，受到人们的高度赞扬，被誉为"开眼看世界的第一人"。

离开广州后，林则徐又于1841年3月受命前往浙江协办海防，贡献卓越。5月，道光帝却因为广东战败归咎前任，林则徐再次被革去四品卿衔，并且从重惩处，发配伊犁。林则徐忍辱负重，于道光二十一年（1841年7月14日）启程戍途。在途经镇江之时，偶遇老朋友魏源，授之以《四洲志》及相关外国资料，并嘱咐其撰写《海国图志》一书。途经河南开封逢黄河灾起，奉旨治河，事成依然戍守伊犁。道光二十一年十一月初九，林则徐终于到达新疆，颠沛的戍途当中，他始终忧国忧民，从不唏嘘于自己的坎坷命运。

到达伊犁以后，林则徐拖着自己年高体衰的身体，亲自在伊犁和新疆各地"西域遍行三万里"，对南疆八城进行了实地勘察，并由此意识到西北边防的重要性。他翻译资料，察觉出沙俄将对中国构成的威胁，于是率先提出了抗英防俄的"防塞论"国防思想，向伊犁将军布彦泰提出"屯田耕战"的政策，以兵农合一抵御沙俄威胁。不仅如此，他还大兴水利，发明和推广坎儿井和纺车，因此这两样又被人们称为"林公井""林公车"。

道光二十五年（1845年），林则徐被重新起用署陕甘总督，次年转任陕西巡抚。道光二十五年九月奉召回京候补，十一月以三品顶戴署理陕甘总督。道光二十六年（1846年）四月，授陕西巡抚，镇压刀客。道光二十七年（1847年），升任云贵总督，先后平息、镇压西北、西南民族冲突和人民起义，整顿云南矿政。

道光二十九年（1849年）秋，林则徐因病向朝廷辞职归籍，道光三十年九月（1850年10月）再次被朝廷任命为钦差大臣，赴广西镇压农民起义。是年十月，林则徐抱病起程，11月22日于途中潮州普宁县（今广东普宁北）行馆病逝，终年66岁。咸丰元年（1851年），咸丰皇帝赐祭葬，谥号"文忠"，晋赠太子太傅，照总督例赐恤。林则徐逝世后，全国哀悼，福州建祠奉祀。著名思想家、史学家魏源曾为他写下这样一副挽联："品望重当朝，犹忆追陪瞻雅范；褒荣垂史乘，徒殷景仰吊遗徽。"乃是对其一生人品与功绩的崇高评价。

微焦再现虎门销烟

林则徐任湖广总督时，鸦片已在中国大量贩卖。据估计，全国有200万以上的人吸食鸦片，严重影响了清政府的国防和财政收入，影响了百姓的生活，有识之士遂开始力主禁烟。林则徐也三次上书，力陈鸦片之害。他在任江苏巡抚时就开始禁烟，并取得成效。在随后的湖广总督任上，他提出了"禁烟六策"，搜缴烟土、烟膏总价值12000余两，烟枪1264杆。同时，还组织下发戒毒药方、偏方，以期治病救人。他在给道光皇帝的《筹议严禁鸦片章程折》中讲述了六项禁烟方案，又连续呈递《查拿大烟贩收缴烟具情形折》和《钱票无甚关碍宜重禁吃烟以杜弊源折》。

道光帝当时对林则徐的作为给予了充分肯定，并于1838年11月27日起连续8天宣见林则徐，授以林则徐钦差大臣关防之职，令其到广东查办海口事件，并表示自己决心禁烟。

林则徐在京期间，除了接受召见外，还访朋会友、拜师问道，广泛征求对严禁鸦片的意见。其中，得到了其挚友、时任礼部主客司主事的龚自珍的大力支持。

林则徐接旨后立即赴任，在广州进行了六七天的实地调查，还雇了四个翻译深入了解鸦片贩卖情况，然后采取相应对策。在禁烟行动中，林则徐遭遇了空前的压力。不仅英国人图谋反抗，甚至中国的十三行也极力阻挠。十三行是清政府特许经营对外贸易的十三家商行。他们在长期的内外贸易中与外国商人共同勾结，包庇鸦片走私，是外商代理人。其中有一个叫伍绍荣的人，自以为在大清国有钱能使鬼推磨，企图贿赂林则徐，遭到了林则徐的厉声呵斥。林则徐严肃指出十三行参与买鸦片的罪行，要求他们自首以求宽大处理，同时传谕各国商人，要求他们将鸦片尽数缴出，保证再不贩卖，并表示自己将与鸦片贩卖斗争到底。

英国驻华商务监督义律得知消息，连忙从澳门赶到广州，企图保护英国鸦片商人，被义愤填膺的中国百姓围在商馆。林则徐得知后当即下令封舱、围馆，督促外商缴烟。义律等人迫不得已，交出少量鸦片。林则徐不为所动，传下命令，鸦片不缴清，义律就不能离开商馆。义律等人没有办法，只好如数缴出20283箱鸦片，签署"永不夹带鸦片"的保证。

林则徐以严密的计划方法、严肃的纪律，顺利地完成了收缴鸦片的任务，皇帝对他的作为表示了嘉奖和肯定。

在林则徐的指挥下，从1839年6月3日开始，历时23天的虎门销烟拉开序幕。当天，人们纷纷前往虎门浅滩。林则徐在广东巡抚怡良等人的陪同下登上礼台，宣布以"海水浸化法"开始销烟。海水浸化法的办法是在海边挖两个水池，池底铺石，四周钉板，以防鸦片渗漏。然后再挖一条水沟，使海水流入池中，然后把鸦片捣碎，投入池中浸泡一些时候，再撒下石灰。等到海水退潮时，打开销烟池前面的涵洞，销溶后的鸦片就随着海浪流入大海了。全部鸦片销溶后，再用清水刷洗池底，以求不留残余。

林则徐在销烟前发出告示，准许外国人到现场参观。一些外商、领事、外国记者、传教士不相信林则徐有办法不留贻害地销毁所有鸦片，特地前来观看。从6月3日到25日，除留下8箱鸦片作为样品送往京城外，200多万斤鸦片全部销毁了。

在销烟的同时，林则徐制定了《禁烟章程十条》，规定：吸食者要主动把烟土和烟具交官，不追究缴者姓名，也可让别人代交。同时设立官办的收缴总局和分局，收缴烟土烟具，劝说戒除毒瘾。颁布规定之后，林则徐严厉查禁，两个月内捕获毒犯1600人，收缴烟土46万两、烟枪4万杆、烟锅200多口。广东禁烟取得节节胜利，为各地起了带头作用，各地禁烟运动随即纷纷展开。

林则徐受命禁烟，是在外临强敌、内对奸臣的关头。在这一严峻情势下，他表现出大无畏的爱国主义精神，成为中国近代史上一位敢于反抗帝国主义侵略的民族英雄。史书这样评价他："虎门销烟是我国近代史上反帝斗争中的光辉一页，林则徐领导禁烟运动的胜利，是中国人民反侵略斗争史上第一个伟大胜利，这一壮举，维护了民族的尊严和利益，增长了中国人民的斗志。"

经历了这次禁烟运动，广大民众对鸦片的危害性有了清醒的认识，使很多人看清了英国向中国贩卖鸦片的本质。同时虎门销烟也大大抑制了英国在中国的鸦片交易，沉重打击了英国资产阶级在中国的贸易掠夺，也唤醒了国人的爱国意识。

道光皇帝曾赞扬此举为"除中国大患之源"，"可称大快人心一事"。马克思也赞扬过虎门销烟是中国政府1837年采取严禁措施以来的"顶点"。

　　虎门销烟大火虽然熄灭了,但是不屈不挠的中华民族却把火种保存了下来,一代又一代流传。

　　禁烟运动直接损害了英国政府和英国鸦片商人的利益。为了维护自己的不法利益,强迫清政府屈服,英国政府决定对中国发动蓄谋已久的侵略战争。

遮羞破布化炮灰

虎门销烟之后，英国向中国输出鸦片的贸易受阻，无事可做的英国商船都聚泊在香港九龙尖沙咀一带海面，拼命寻找着一线商机。

1839年6月20日上午，一伙英国水手来到尖沙咀的一个小渔村的小杂货铺里买酒，当即喝起来。几瓶酒不够尽兴，而小杂货铺里的酒已经都卖给了他们。店主做手势解释说，酒已经卖完了。这些英国水手认为店主故意不卖，开始闹事。

附近村民闻讯赶来，对于洋人的行为非常愤慨。英国水手却肆无忌惮，甚至还用中国话骂道："一群蠢猪！"青年农民林维喜上前指责洋人，喝醉了的英国水手不知收敛，反而动手动脚，引发了村民的更大不满。见此架势，几个英国水手立即操起杂货铺前的一根木棍，朝村民们打去，多人受伤，林维喜因离得最近，被击中后脑，当场昏倒，后因救治无效而亡。几名英国水手则在村民们追打时逃走。林则徐调查清此事后，立即派人和义律交涉，命令他交出凶手。

033

义律是一个行事细密、善于辞令的人，闻讯后知道林则徐一定会让他交出凶手，所以在命案发生后随即展开调查。当他知道这次冲突是与英船"卡纳蒂克"号和"曼格洛尔"号的水手有关时，马上采取了在案发当地收买人心，用金钱封住死者亲属之口的措施。

通过支付金钱，义律"买"来了死者之子林伏超所签下的字据，表明其父是意外死亡，跟英国的水手没关系。其字据如下：

> 父亲维喜，在九龙贸易生意，于五月二十八日出外讨账而回……被夷人身挨失足跌地，撞石毙命。此安于天命，不关夷人之事。

林则徐对此当然不能容忍，坚决敦促义律尽快交出凶手。狡猾的义律开始和林则徐耍起花招。他用外交辞令答复说："查尖沙咀村民一名，被殴毙命，远职遵国主之明谕，不准交出罪犯，而按本国律例，彻底调查情由，秉公审办。如查出实在凶犯，也准备治以死罪。今现职谨报诚言：该罪犯不（没）发觉（现）。"

林则徐义正辞严地驳斥道："查该国一直有定例，本国人到哪个国家贸易，即遵守哪个国家法度。该国王远在数万里之外，怎能谕令不准交出凶犯？"

8月12日，义律假模假样地在一艘英国货船上设立了"法庭"，自己充当"法官"，声称被审者就是刚被他缉拿的参与"林维喜案"的5名凶犯。经过一番所谓的"审讯"，义律当"庭"宣布，5人中的3人判处监禁6个月，各罚款20英镑，其余的2个人则判处2个月监禁，各罚款15英镑。

这样的"判决"哪里还有公平可言？林则徐被深深地激怒了。

8月15日，林则徐发布一道禁令，禁止与英国进行一切贸易，清兵进驻澳门，进一步将英人驱逐出境，所有卖于英人的食物一律停止供应，英人所雇用的中国买办、佣工全都撤回。无奈之下的英人只得撤离澳门，在货船上寄居。

告示发出后不久，林则徐再发谕帖，要求英方将打死林维喜的凶手交出。而义律则对中国钦差的要求拒绝回应。双方陷入了僵局。

禁令发出后，从澳门被驱逐到船上的英商和侨眷断绝了赖以生存的物资，原有的中国雇员和仆役也纷纷离去。英商和侨眷自然把怨气发泄在包庇凶手的义律身上。迫于同胞的压力，义律致信葡萄牙官员，请求予以支援。但葡萄牙不想卷进这场纷争，明确表示他们不能保证其安全。

9月5日，义律派传教士郭士立与林则徐谈判，要求他解除禁令，恢复正常贸易关系，被林则徐拒绝。下午14时，义律发出最后通牒，林则徐不予理睬。15时，在义律的授意下，英国军舰向负责封锁的中国船舰开火。对于这种挑衅中国主权的行为，林则徐勃然大怒，于次年初下令正式封港。1840年4月，英国议会正式通过发动战争的决议案，于5月调集大量英国军舰，云集珠江口，准备开战。对于英国的这种嚣张行为，林则徐毫不示弱，与5月9日晚派10艘火船主动出击，击毁11艘英船。鸦片战争自此揭开了序幕。

当林则徐开始在广东准备进行抵抗英国侵略时，是得到道光帝的认可和支持的。但在英国侵略者绕过广州、袭取定海后，道光皇帝动摇了当初的禁烟和抵抗政策，立即投降妥协。这位万圣之尊被

定海的惨状吓坏了,一位曾经亲自参加了定海之战的英国军官后来回忆说:

> 军队登了岸,英国旗就展开,从这一分钟起,可怕的抢劫光景就呈现在眼前。暴力地闯入每一幢房子,劫掠每一只箱箧,街道上堆满了图画、椅子、桌子、用具、谷粒……一切这些都被收拾去,除了死尸以及被我们无情的大炮弄残废了的受伤者。有的丢了一只脚躺着,有的两只脚都没有,许多被可怕地割裂,被霰弹射穿。只当已经没有什么东西可拿的时候,才停止抢劫。

更惨无人道的是,英军攻陷定海后,即在城乡进行血腥劫掠与屠杀。据书中记载,英军进入定海后"成群结队,或数十人,或百余人,凡各乡各岙,无不遍历,遇衣服银两,牲口食物,恣意抢夺,稍或抵拒,即被剑击枪打。数十万生灵,如坐针毡,延颈待毙"。

面对英侵略者的抢劫和屠杀,昔日繁华富庶的定海,变得满目疮痍。原来的数万只渔船,"今已一只皆不见"。

其实,在定海失陷后,当时的清朝统治集团中实际存在着两种态度:一种以穆彰阿、琦善等为代表,他们都是满族的贵族代表。在他们眼里,外国侵略者船坚炮利、武器先进,凭着清朝现有武力,根本不是西方列强的对手,不可能战胜。因此即使是做出一些必要的妥协,也要绝对避免与其发生冲突。

另一种态度则以林则徐等一批汉族官员为代表。他们懂得开眼看世界,对英军武力优越与清军武力装备废弛有着比较客观的认识，他们也不愿与英军动用武力。但他们把整个中华民族的利益放在首位，不能容忍外国侵略者践踏蹂躏中国主权，而要与之进行坚决斗争，并提出了一系列的可行方案。他们相信，只要充分利用中国的有利条件，是完全可以打败侵略者的。

这两种截然不同的态度，究竟哪一种能成为清政府的对英方针，关键取决于道光帝。

道光帝生于清王朝由盛转衰之际。无法再创盛世的他自从即位之后，内，腐败丛生、民生哀怨，外，鸦片枪炮、强权外交，种种问题纷至沓来。他一方面对祖父乾隆皇帝之时的鼎盛之世记忆犹新，不愿意看到祖宗留下的基业在他手中继续衰败，而是希望有所作为，继续开创新纪元；另一方面，他对世界的变化愚昧无知，对工业革命后西方各国的飞速发展嗤之以鼻，依然沉溺于他的"天朝上国""万邦来朝"的幻梦之中，不去思索世界形势的变化，殊不知，清王朝在世界上已经落伍了。

面对这危机四伏的局面，清王朝的统治机器运转不灵、银荒兵弱的现状，加上正在进行的鸦片战争节节失利，道光希望至少能够维持太平局面，以确保祖宗江山不要毁在他的手上。在对外态度上，他早就提出了"天朝体制断不可失，外夷衅端断不可启"的原则。而他之所以大力支持林则徐禁烟，是因为鸦片输入，白银大量外流，出超变成入超，对清朝财政形成巨大危害，财政危机一步步凸显。由于军队日益废弛，极有可能导致无御敌之兵的可怕局面，这不仅有损于天朝体制，更是严重危及了清王朝的统治地位。另外，道光帝完全不了解鸦片对于英国的利害关系，他把禁绝鸦片看得比较简单，想当然地以为禁烟只会引起鸦片贩子顽抗，作为天朝上国，对付几个鸦片贩子比较容易，总不至于引起大规模的战争。

然而，道光彻彻底底地错了。鸦片战争的一声炮响，英军大举来华侵略，攻陷定海，道光帝惊恐地发现，事态的发展完全出乎自己的意料，局面变得越来越不可收拾，于是他的强硬态度开始动摇。他首先想到的就是设法消弭"边衅"，防止事态扩大。这与琦善等人的妥协主张正相吻合。

此时，道光帝对林则徐的抵抗意见充耳不闻，反因定海失守迁怒于林则徐，并派琦善前去与英军商讨。而岐山在广东与义律的一系列妥协却被道光帝认为"片言片纸，连胜十万之师"，"退敌"有"功"。于是，道光帝将林则徐革职查办。

不得不承认，道光帝亦有他的无奈，但民族利益、国家主权是不能妥协的。他却将丧权辱国说得冠冕堂皇：

> 览奏愤懑之至，朕惟自恨自愧，何至事机一至于此，于万物可奈之中，不能不勉允所请者，成以数百万民命所关，其利害不止江浙等省，顾强为遏抑，照议办理。

然而，冠冕堂皇的语言遮盖不了辱国丧权的事实，一系列不平等条约的签订，彻底撕掉了感觉良好的大清王朝最后一块遮羞布。

到梦醒的时候了

当清政府的态度从抵抗转向妥协时,英国侵略者的野心更是疯狂得无止境,而清政府却一味地满足侵略者这种无耻的贪婪。

西方列强为什么对中国如此肆虐和疯狂无耻呢?清政府又为何一再妥协退让呢?

落后就会挨打!

大清曾自诩"天朝上国",一场鸦片战争让那些美梦中的统治者惊醒。在漫长的古代社会,中国曾创造了灿若星辰的"世界第一"。可是,经过中英鸦片战争,中国一触即溃、俯首求和的现实,使中国的形象一落千丈,而西方人很快便以傲慢的神情来看待中国。

第一次定海海战之后,清政府遂向英侵略者妥协。然而当英国全权代表义律将《穿鼻草约》送到英国后,以英国女皇为代表的英国政府对义律的行为却大为不满。作为战胜者,他们觉得应该得到更多的东西,而义律勒索到的东西太少了。因此,英国政府决定扩大战争,遂召回义律,决定扩大对华战争以攫取更大利益。

英政府改派璞鼎查为侵华全权代表，用洋枪洋炮从清政府手里夺得更大的权益。清政府统治集团以为在他们做出更大让步之后，战争就会停息，恢复战前的老局面，继续安享"太平"。然而，英国侵略者在其野心没有得到满足之前，压根儿不打算罢休。

英军集结大批军队再次北上，由璞鼎查率领，接连攻陷鼓浪屿、厦门、定海、镇海及乍浦，清军在战争中连连失利，一败再败。定海已经是第二次被攻破，总兵葛云飞、郑国鸿、王锡朋率五千守军英勇抵抗，与英国侵略军血战六昼夜，最后英勇牺牲。英军占领这些地方后，到处烧杀抢掠，由于侵略战争进展顺利，璞鼎查竟狂妄地向英国政府建议："女王陛下可以宣布，中国的某些港口，或者某些沿海地区，将并入英国的版图。"

英军接着又攻打长江的门户吴淞，江南提督陈化成率军坚守吴淞。最后陈化成与部下死守西炮台，孤军作战，直至战死。吴淞口一失，上海、宝山跟着失守。接着英军沿江西上。英军舰队开到镇江，副都统海龄率官兵奋勇抵抗，经过激烈的巷战，直至打到最后一人，镇江失守。1842年8月4日，英军直逼南京，清军节节败退，朝野上下人心惶惶。然而，清政府越是磕头乞降，侵略者越是气焰嚣张。

面对定海、镇海、宁波三城的失守，道光皇帝的天朝上国梦却还没有惊醒。10月18日，道光帝任命他的另一个皇侄奕经为扬威将军，前往浙江收复失地。结果奕经大败，狼狈逃往杭州，不敢再与英军交战。

坐镇京城的道光皇帝听到战败的消息，十分惊慌，立即派耆英和伊里布赶到浙江去向英国侵略者求和。

这时，英军舰队抵达南京江面，架起大炮，宣称要开炮攻城。这时，清政府完全被侵略者的淫威所吓倒，彻底地屈服了，赶紧派耆英、伊里布赶到南京议和。

至此，第一次鸦片战争结束。

1842年8月19日，清政府代表耆英、伊里布登上英国军舰"汗华丽"号，在英国殖民者的枪炮和旗帜下，伴随着一声声"女王万岁"，与英国全权代表璞鼎查正式签订了第一个丧权辱国的不平等条约——《南京条约》。

到此，历时两年多的鸦片战争以可耻的"城下之盟"而告结束。天朝上国的美梦彻底破碎了。

这一纸条约不仅是英国侵略者对中国人民的无耻掠夺，使清政府的财政更加困难，人民的负担加重，而且开创了侵略者对中国勒索赔款的先例。

《南京条约》的影响不仅如此，它让西方列强都闻到了中国这块肥肉的醇香。原本属于中英两国的鸦片战争，却让西方很多列强趁火打劫。美国和法国也乘人之危，相继以武力威胁清政府签订了《望厦条约》和《黄埔条约》，从中国勒索了不少好处。紧接着，葡萄牙、普鲁士、比利时、西班牙、荷兰、挪威、瑞典、丹麦等国也纷至沓来，都来"分享肉羹"，纷纷与中国签订了不平等条约。

皇帝也无奈

道光皇帝在位期间，清王朝的国家机器也已经运转了170余年，前朝五位皇帝留下的这片盛世江山，经济繁荣，人口众多。

虽说清王朝经历康乾盛世后已经由盛而衰，但是祖宗留下的基业依旧闪耀着光辉。道光帝在位时，大清王朝疆域广阔，他统治着一个面积超过1300万平方公里的世界第一大帝国，这时候，人口数量已到达了空前的四亿，占全世界总人口近1/3。如果当时有"发达"这个词的话，当时的中国可谓是世界上最发达的国家，是世界上的"超级大国"，道光帝在世界上也拥有绝对的权威。

此时，大清王朝力不从心的衰朽状态，官场因循懈怠、贪污腐化的程度也达到前所未有、闻所未闻的程度。这位39岁的皇帝从他的父亲手中接过的不仅是一片盛世，也是一个腐败到骨子里的烂摊子。

在封建社会，皇帝是九五之尊，是天子。这位至高无上、一呼百应的道光皇帝，自然应该是想要什么就有什么。岂不知皇帝实际上却被那些拿着大清俸禄的效忠于朝廷的腐败集团绑架了，作为一个皇帝，他无法抽身，更是力不从心，他徒有皇帝的风光，实际上他只是周围一大批人的傀儡，他痛恨腐败，痛恨贪官污吏，而正是这帮贪官污吏顶着他的名字捞自己的好处。

与天子比起来，这些官员只是一些无名小辈，却从统治集团中得到了最大的实惠。清朝的腐败到了道光时期可谓是达到了登峰造极的地步。当时有一句话：三年清知府，十万雪花银。字面上理解，就是清朝地方官是三年一个任期，一个知府一个任期内就能搜刮十万两白银甚至更多，这是多么令人难以置信，又是多么荒唐的统治集团。

贪官污吏，历朝历代皆有，道光朝也有这种现象似不足为怪，但皇帝成为贪官搜刮民脂民膏、侵蚀钱粮的工具却无先例。道光这位一心想挽狂澜于既倒的皇帝，为他的臣下官员们充当着"洗钱"的机器。

道光帝登基之初就想通过改变大清前朝留下的陋规陋习来改变这种吏治腐败的现实，英和建议清查陋规，整顿吏治。他立即发布上谕：

> 箕敛溢取之风，日甚一日，而闾阎之盖藏，概耗于官司之削，民生困敝，职此之由。

清查的方针是，将所有的陋规查明，该保存的留下，该取缔的消除。道光帝实际是想承认一部分陋规，取消另一部分陋规，控制其发展。

新官上任三把火，道光帝整饬陋规是为初政之一，他也想励精图治，续写盛世，然而那帮既得利益者怎么舍得让他们搜刮到的财

富变成非法的呢?由此,官吏们的贪婪却让道光无可奈何,最后只是说了一通空话:

> 各大吏正己率属,奖廉黜贪,如有苛取病民之事,立加黜革厘正,斯吏治澄清,民生日臻饶裕矣。

道光整顿吏治的新政流产了,预示政治不会有起色,陋规将越来越严重,吏治腐败一发不可收拾。

道光皇帝一生力戒浮华,克勤克俭,在历史上来看也是一位算得上节俭的皇帝。他批答奏章,日理万机,召见臣工,夜以继日地操劳国事,对国事可谓鞠躬尽瘁,又可谓是一位勤政的皇帝,可见他守成君主的兢兢业业。然而他改变不了王朝没落的大趋势,面对吏治腐败,他深恶痛绝却又无能为力。这位勤政节俭的皇帝一生都写着衰世之主的悲怆与无奈。

一死百了

道光帝在位期间，做了不少有利国计民生的事情。然而，随着禁烟运动的失败以及鸦片战争的一声炮响，道光帝的一世英名付之东流。

道光帝，名旻宁，为清朝的第八位皇帝，他是嘉庆皇帝的嫡子。39岁继位的道光帝，在他执政的30年时间内，见证了一个万里帝国由盛转衰的悲剧，而他本人，虽然非圣主，却也不是个昏君。如果不是恰逢三千年唯有之大变局，他或许还可以做个安乐皇帝。

然而作为鸦片战争的头号当事人，道光无可避免地成为了后世最具争议的人物之一。古往今来，以弱胜强、以少胜多的战例不胜枚举，然而碰到了性格疑虑犹豫、反复无常的道光，则此战最终败北。在禁烟之时，严禁与驰禁犹豫摇摆；战争爆发时，道光又在主战与主和之间反复无常；用人当任时，道光又以一己好恶和宵小谗言，任贤与任奸功罪倒衡。在这场历史悲剧中，道光遂扮演了悲剧的主角。

鸦片战争胜负未分之时，林则徐便遭到了贬谪，随即，道光帝便派投降派琦善为钦差大臣去到广东，与英国谈判。临行之前，道光帝定下要求：上不失国体，下不开边衅。意思是说，给英国割地赔款不行，与英国发生军事冲突也不行。按照道光的打算，是要让英国人竹篮打水一场空。

琦善无能，遂向英方让步，私下将香港划给了英国。这让道光帝大怒，在逮捕了琦善之后，遂派遣杨芳、奕山向英军进攻，结果却失败而归，绝望的道光帝只能投降，割地赔款。如此反复无常、左右摇摆的君主，如何能够让大清军士上下一心，把英军打回老家去呢？

此后，道光帝更是不思进取，不图改良，不知求富图强之道，致使西方列强步步紧逼。所以《清史稿·文宗本纪》论述道："论曰：宣宗恭俭之德，宽仁之量，守成之令辟也。远人贸易构衅兴戎，其视前代戎狄之患，盖不侔矣。当事大臣先之以操切，继之以畏葸，遂遗宵旰之忧。"鸦片战争的失败有臣属不尽责的原因，但摇摆不定的道光帝也难辞其咎。

见林则徐这样的忠贞之士遭到贬谪，愤懑的魏源铺纸提毫，奋笔疾书：

> 楼船号令水犀横，保障遥寒岛屿鲸。
> 仇错荆吴终畏错，闲晟赞普讵攻晟。
> 乐羊夜满中山夹，骑劫晨更即罢兵。
> 刚散六千君子卒，五羊风鹤已频惊。

一开始之时，林则徐倒还看得开：只道光帝励精图治，群臣上下一心，文武协力，这朗朗乾坤未尝不能扭转。然而，时局的发展大大出乎了林则徐的意料，道光皇帝竟然听信了首席军机大臣穆彰阿为首的投降派的谗言，将林则徐和邓廷桢革职充军。

时任户部尚书的王鼎，眼见国家危难，民族危亡，毅然将生死置之度外，多次怒斥穆彰阿"妨贤"、琦善"误国"，不惜让道光帝震怒，唯望能够唤醒道光帝，让他坚持抗战。当所有希望都变成失望，失望化作绝望之时，王鼎只能以死报国，道光二十二年（1842年）四月三十日，王鼎自缢而死，并留下遗书："条约不可轻许，恶例不可轻开，穆不可任，林不可弃也。"林则徐听闻王鼎死谏的消息，悲痛万分，遂写下《哭故相王文恪公》一诗：

> 廿载枢机赞画深，独悲时事涕难禁。
> 艰屯谁是舟同济，献替其如突不黔。
> 卫史遗言成永撼，晋卿祈死岂初心？
> 黄扉闻道犹虚席，一鉴云亡未易任。

为了维持现状，维护投降派的利益，在王鼎死后，穆彰阿的亲信、军机章京陈孚恩急忙去到王家成功骗取了遗书，在他的威胁利诱下，王鼎之子王沆被迫接受"代为改草遗疏"。最终，道光帝只知王鼎"暴病而亡"，下诏悯恤优抚，追赠太保，谥文恪。王鼎之一片忠心，只能谋日月之昭彰了。

道光晚年，痛定思痛，逐渐抛弃了投降派，对那些有功的抗敌将领，想尽办法加以优待和保护。然而，他却总是顾此失彼，不想成为千古罪人的道光帝，竟然连选储君之时，也是举棋不定。当时，四皇子六皇子都有资格，四皇子是长子，而且贤孝；六皇子虽是庶出，却天资聪颖。正当道光帝准备选择六皇子之时，竟然被一个太监偷窥到了，而且还被太监传了出去。道光帝很不高兴，遂一怒之下改立了四皇子，也就是后来的咸丰帝。

当时自然界的时令虽是初春时节，但大清王朝的气数已是暮秋时候。于是，在紫禁城中，自然形成了一股伤春悲秋的自然与人文氛围，不堪忍受巨大孤独和压力，不堪忍受耻辱又不能改变命运，想要扭转乾坤却又不知从何着手的道光帝，终于闭上了他的眼睛。

第二章
太平城的太平军

如果说，大清帝国自嘉庆年间开始走向下坡路，在道光年间行至历史的拐点，那么，在咸丰的岁月里，最终开启了中华民族之殇的噩梦，其中太平天国的反抗无疑是让这个孱弱的皇帝夜不能眠。

残疾君王有妙计

> 文宗体弱，骑术亦娴，为皇子时，从猎南苑，驰逐群兽之际，坠马伤股。经上驷院正骨医治之，故终身行路不甚便……
>
> ——《清史稿》

据上述史料记载，道光帝的四皇子奕詝，也就是后来的咸丰皇帝，登基之前，狩猎时从马上摔了下来，经过太医的精心治疗，骨病虽然好了，却落下残疾，成了跛子。

那么，这么一个身有残疾的皇子是怎样赢得道光的宠信而登上大统之位，成为天下之主的呢？

奕詝排行第四。道光帝有9个儿子，到道光二十六年，大阿哥奕纬、二阿哥奕纲、三阿哥奕继都已死去，皇四子也就实居皇长子之位。道光考虑到自己年岁已大，身体又不好，立储之事成了当务之急。要知道，在皇朝政治中，确立皇储，是无可争议的头等大事。道光的儿子虽然只剩六个，但想要在其中选出一个可以延续大清后世的继任者，并非易事。

当时，五阿哥奕誴已经过继给了醇亲王绵恺为子，失去了继承大统的权力。六阿哥就是后来人称鬼子六的奕䜣。老七、老八、老九年纪尚小，无须考虑在内。所以皇太子人选实际上只有奕詝和奕䜣。

奕詝的母亲在他10岁时就已经去世，一直是由静贵妃，也就是奕䜣的母亲来照顾他，所以奕詝视静贵妃如同生母，视奕䜣如同胞弟，奕䜣如视之。奕詝和奕䜣的关系从小就一直都很好，这就更增加了道光选择皇储的困难。

奕詝和奕䜣，这两个儿子之间到底选择哪个来继承祖宗的江山，道光帝犹豫不定。

立储不是儿戏，于是，道光帝便开始考察四阿哥和六阿哥的能力。首先，道光帝想考考这两位皇子的骑射功底。皇四子之师傅为杜受田，皇六子之师傅为卓秉恬。他们的老师都分别给自己的弟子出了主意。奕䜣的箭法当然在阿哥中是最好的，他捕获的猎物自然也是最多的。道光一看很是高兴，心想奕䜣确实是很有本事。而皇四子奕詝的骑射肯定是不如自己的六弟。这就显示了杜受田的政治智慧，他教奕詝索性一箭不发，自然也就没有任何收获了。道光看到奕詝如此无能，当然很是生气。奕詝却说："父皇恕罪，儿臣以为眼前春回大地、万物萌生之际，正是禽兽生息繁衍之期，儿臣实在是不忍心杀生，恐违上天的好生之德。"

这就是"藏拙示仁"的妙计，把自己的短处藏起来，来表示自己仁爱。道光觉得奕詝很符合儒家"仁"的思想，心中便暗暗地肯定了奕詝。

据史料记载，为了最终确定自己的选择，道光帝在一次病重时，召奕䜣和奕䜣二皇子入对，借以决定储位。两位皇子各请命于自己的老师。奕䜣的老师杜受田对他说："阿哥如条陈时政，智识万不敌六爷。唯有一策，皇上若自言老病，将不久于此位，阿哥唯伏地流涕，以表孺慕之诚而已。"如其言，帝大悦，谓"皇四子仁孝"，储位遂定。

这便是藏拙示孝的典故，可以说，奕䜣能登上皇位，与恩师杜受田的政治智慧是分不开的，"藏拙示仁"，又"藏拙示孝"，在"仁"和"孝"这两个字上表现得比较突出，所以道光就选择奕䜣做皇太子。可见，道光在选皇太子的时候，只考虑到了德而没考虑才，实际上咸丰后来在德的问题上做的也是很不够的。杜受田的政治智慧让道光帝选择了一位没有治世才能的平庸皇子继承了大统。

"四无"皇帝

许多史学家称咸丰是一个"四无"皇帝：无远见，无胆识，无才能，无作为。

道光在选择继承人的时候，错选了奕詝这位文才武略、骑马射箭都差他人一大截的皇子，他太平庸，毫无文华武英之姿。

咸丰是清王朝秘密立储继承皇位的最后一位皇帝，他20岁登基，在位11年，31岁病死。不可否认，碰上西方崛起、清朝衰败之际，咸丰帝也是一个历史的悲剧皇帝。

咸丰即位时，国库空虚，军伍废弛，吏治腐败，天灾不断，民众起义此起彼落，西方列强更是虎视眈眈。

1850年至1861年，在11年的皇帝生涯当中，咸丰没有过一天安生的日子。1850年至1864年爆发了太平天国农民起义战争，1856年至1860年又爆发了第二次鸦片战争，都是对清王朝致命的一击。

在这动乱的年代，中国的历史由此发生了重大转折。而处于风雨飘摇的乱世时期，却看不到历史发展的趋势，依然沉浸于天朝上国的美梦当中，沉浸于自己万物之主的幻想当中。殊不知，当时天下大势已变，世界格局正在悄无声息地敲打着旧的体制。

咸丰对老师杜受田依赖性过大。尽管杜受田在帮助奕詝登上帝座时显示了其对中国政治的深刻理解，说明他是一个政治智慧高超的人，但是他本人最大的缺陷是缺乏为官处事的实际经验。杜受田没有做过地方官，也没有处理过具体政务，未在实际操作层面的司官一级工作过。这样一位纸上谈兵的帝师在辅佐咸丰时，根本不可能对天下大势做出正确的判断。

咸丰皇帝又是一个无胆识的皇帝，他自幼体弱多病，素有咯血的痼疾。御医给他开出良方，说鹿血可治此病。于是他在宫中养了100多头鹿，随用随取。鹿血也因此成了他苟延残喘、须臾不能离开的救命良药。他贪生怕死，只想享受皇帝给他带来的一切便利，而不敢面对摆在眼前的内忧外患。他沉湎于声色，即位的第二年，就下令挑选秀女入宫。他尤其宠爱其中一个名叶赫那拉·杏贞的秀女。以后，他又几次挑选秀女，并破除祖宗规制，选汉族秀女入宫。

1861年，英法联军攻到了北京城下。列强到处烧杀抢掠，无恶不作，而咸丰却表现得惊慌失措，最后只好带着慈禧和肃顺等一班人马连夜逃离京城，赶到承德。

咸丰皇帝还是一个无作为的皇帝。他20岁登基，比起他的父亲道光和雍正帝继位的时间，可以说很年轻，但他在重大事件面前无所决策，一味迷于酒色，荒废朝政，误国殃民。

"上帝"也疯狂

洪秀全出身于广东的一个耕读世家，自小形貌聪颖，多被村中父老夸赞。7岁时，洪秀全进入村中书塾，熟读四书五经和各种古籍著作，表现极为出众。先生对其甚是喜爱器重，认定他定能考取功名、蟾宫折桂、光宗耀祖。待到乡试年龄一到，洪秀全和众人一样，抱着对"一举成名天下知"的热情和希冀，信心百倍地欣然应试。然而，最终的结果，却是让人无限心寒，洪秀全名落孙山，失败而归。更可怕的是，这种结果，如是者三，接连三次，他都没能获取任何功名。他备受打击，终于承受不住，从考场回到家之后，大病一场。

1837年，洪秀全虚岁25。一日，他正拖着虚弱的身子在家里静养，忽然不自觉地眼前出现了幻象。他看到一位老者降临，向他传达了一个惊人的秘密。老者表示，洪秀全的出生，是奉了上天的派遣，其目的是斩除世间的一切妖魔，其任务神圣、艰巨，非同小可。自此以后，洪秀全的生活起居等各方面统统发生了变化，他囿于这一幻象，久久未能恢复正常，变得沉默寡言，面色神秘，举止怪异，让身边人非常吃惊。

上述的异象，虽使洪秀全一度怪异恍惚，但并没有打消他对乡试的痴迷，他的血脉里，依然有"学而优则仕"这一最根本的信条在澎湃地流淌。1843年春天，洪秀全走出接连遭受打击的阴影，也暂时放下对那神秘老者的疑惑，重新坐在了广州乡试的考场里。然而，这一次的不甘心和卷土重来，仍然没有实现他的梦想，还是以失败告终。

几次乡试失败的打击，改变了洪秀全整个人生的走势，造成了中国整个政治版图的长期动荡和分割。而这一切最重要的起点，就是洪秀全在广州应试时收到的《劝世良言》一书。当洪秀全接过此书之后，得到了深刻的引导和启发。他把书中的内容与自己大病时的幻觉对比，不禁豁然开朗。在书中内容的指引下，他逐渐清晰了自己对现实的认识，明确了自己下一步的行动方向，也逐渐系统地建立了自己的理论架构。

洪秀全认为，当时的世界，已远非美好和谐，而是妖孽丛生、秩序混乱、朝政腐败、民多疾苦，急需进行一次大的颠覆和整顿。而自己则注定是这一行动的领导者，他受上帝之命，身份正统，理由正大，措施也自然坚决而彻底。他抛开孔孟之道，跟先前的正统和伦理纲常严格划清了界限，不再做一名儒生，而是改信基督教义，把家里的孔子牌位换成上帝牌位，以传教、救世为己任，主张人人都是上帝的子民，没有高低贵贱之分，追求所有人的平等和幸福。

此后，洪秀全依托《劝世良言》，加上自己的思考，创建了言之有物的教义，并且建立了自己的组织。洪秀全主张："人心太坏，政治腐败，天下将有大灾大难，唯信仰上帝入教者可以免难。入教之人，无论男女尊贵一律平等，男曰兄弟，女曰姊妹。"他自称为天父之次子，受天命而下到人间，目的是替天行道。

最初，洪秀全在广州附近传教，未取得很大成功。1844年，洪秀全和冯云山转至广西，不久后，洪秀全又只身返回广东，在1845年至1846年间，写下《原道醒世训》《原道觉世训》《百正歌》等教义著述。1847年初，洪秀全在广州的基督教堂学习，要求受洗而被拒绝，其后再到广西，陆续制订了相关的规条及仪式。在各种理论和仪式的产生和完善中，围绕他的队伍不断壮大，领导核心逐渐形成，与地方政府的矛盾也日渐加深。

到1849年前后，广西连年闹灾，天地会纷纷起义，洪秀全举行起义的理由变得充分，时机也变得成熟，此为其必然性。另一方面，起义的偶然性，应归功于遥远的大英帝国。英王室为巩固香港殖民地，在1843年任命了一名得力的香港警察署助理监督，此人上任后，利用当地告密者的情报，凭借无往不摧的蒸汽战舰，将海盗从香港附近的海洋赶到了内河。孱弱的大清水师对此没有丝毫应对能力，一时间"河匪""土匪"结合，"匪患"大盛。

官府无能，百姓只能自行防卫，各处纷纷出现民间武装力量——团练，由于政府刚开始时的默许甚至是嘉奖，团练数目急剧膨胀。洪秀全、杨秀清等人也借机在金田村建立"保良攻匪会"。由于各种未能处理好的事由，保良攻匪会被抄，冯云山被押入桂县大牢，17本会众名单也被官府缴获。

危难之际，杨秀清先是假装患病，耳聋口哑，后又在关键时刻"忽开金口"，代"天父"言，后萧朝贵又如法炮制，代"天兄"

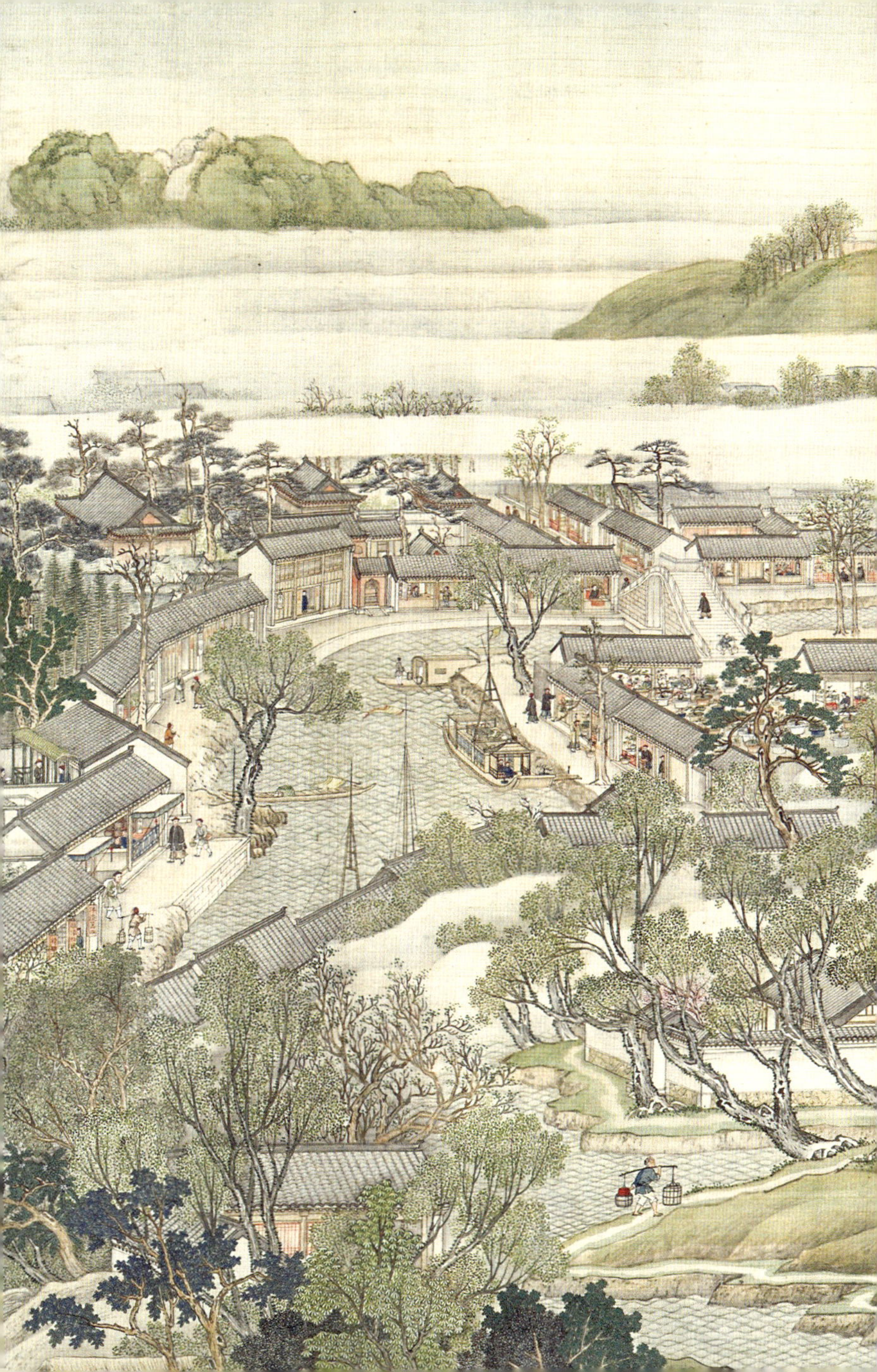

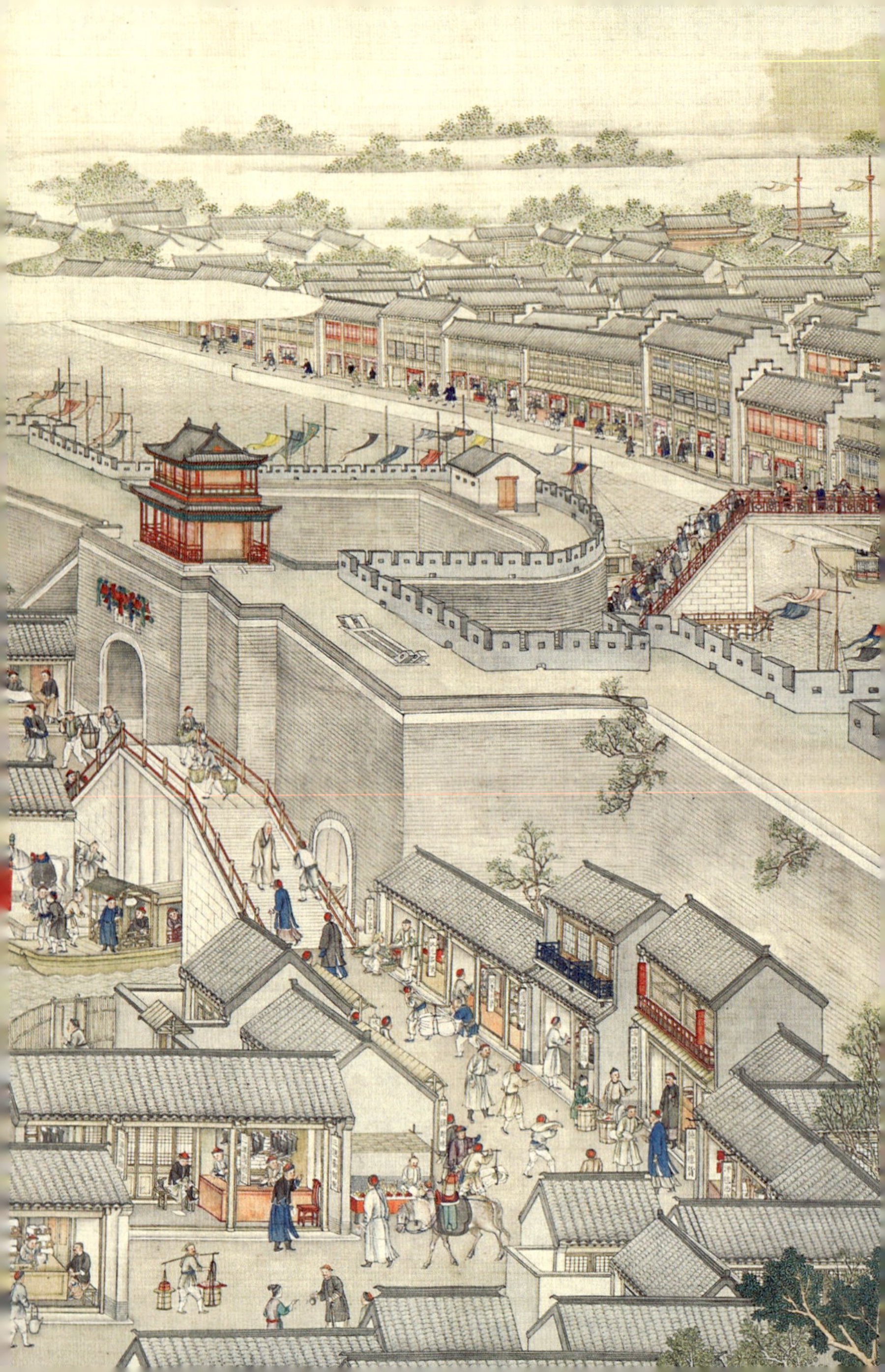

言。如此两度，终于震慑会众，使应对危机的措施得以施展，逐渐稳定了局面。然后，帮会低调收缩，躲避官府的锋芒，静待风头过去，将冯云山等人赎回。由此，帮会得以回到正轨，并在日后逐渐兴旺，招来了众多有才之士。

1851年1月11日，洪秀全38岁诞寿，众部齐集金田犀牛岭，举行隆重的祝寿庆典，同时宣布起义，建号太平天国。起义军称为太平军，封五军主将，向清王朝宣战，部队分列男营、女营。在吃饭问题上采取供给制度，并颁布有简明军律：一遵条命；二别男行、女行；三秋毫无犯；四公心和傩，各遵头目约束；五同心合力，不得临阵退缩。1月13日，全体将士蓄发易服，头裹红巾，从金田东山大湟江口出发，开始了震撼中外的太平天国革命。

清政府方面，调派提督向荣自横州回师，专剿金田，太平军出大黄墟，击败向荣。此时，洪秀全自称太平王，焚毁大黄墟，入象州。3月间，清廷任命大学士赛尚阿为钦差大臣，前往湖南、广东一带指挥。5月，清廷调集大量兵力，取得军事上的优势。8月中旬，迫于清军压力，洪秀全等人决定自紫荆山区突围，逆濛江而上攻永安城，萧朝贵和石达开率陆路军前驱，冯云山、杨秀清率水军沿江而进。1851年9月24日，太平军先头部队抵达永安城下，晚间攻入城中，八百余名清军被歼灭，这是太平军攻克的第一座城池。

封个王来当当

1851年9月25日,太平军攻克永安城,占领了自金田起义以来取得的第一座城市。作为州治所在,永安城是一座繁华坚固的中型城市,而从此以后它将被世人熟知,因为就在那里,洪秀全制定了一系列太平天国的基本军政制度,史称"永安建制"。

永安建制主要包括以下几方面:

分封上,论功行赏。封杨秀清为东王、萧朝贵为西王,列一等;封冯云山为南王、韦昌辉为北王,列二等;封石达开为翼王,列三等。西、南、北、翼四王皆受制于东王。其他所有立功的将士都得到晋封官职,封秦日纲为天官丞相、胡以晃为春官正丞相。

历法上,颁行由冯云山制定的《太平天历》。废清朝纪年,以金田起义之年为太平天国辛开元年。规定一年为三百六十六日,单月三十一日、双月三十日,分为十二个月和为期七天的礼拜。立春、清明、芒种、立秋、寒露、大雪六节气为十六日,其余十八节气皆十五日。仍以干支纪年,但将地支中"丑"改为"好"、"卯"改为"荣"、"亥"改为"开"。

军制上，借鉴于《周礼》，以五人为"伍"，设伍长；五"伍"设两司马；四个两司马编制设一卒长管辖……依次五五进位，再往上则是旅帅、师帅、军帅。一军辖五师，理论上有一万三千一百五十五人。除此还确立了官制，官级共有军师、丞相、检点、指挥、将军、总制、监军、军帅、师帅、旅帅、卒长和两司马，分12级。

礼制上，规定了一整套严格的尊卑等级和烦琐的礼仪制度。天王洪秀全称"万岁"，东王杨秀清称"九千岁"，西王萧朝贵称"八千岁"，南王冯云山称"七千岁"，北王韦昌辉称"六千岁"，翼王石达开称"五千岁"；洪天王年仅两岁的儿子洪天贵福被封为"幼主"，称"万岁"，以后的儿子则一律称为"殿下千岁"，女儿们称为"金"。军中高级将领称作"大人"；中级军官到兵头将尾的两司马，统统称为"善人"；其子女，男的被称为"公子""将子"，女儿称作"玉""雪"；女将领称为"贞人"；各级头目的妻子称作"贵"，并根据丈夫的具体职衔细分为"贵嫔""贵姒""贵姬""贵嫱"不等。

建制的内容还包括圣库制度的建立、命令将士蓄发、刊刻书籍、强调军队纪律，以及加强对起义者的教育等。总的说来，永安建制应该算是为太平天国建立政权奠定了基础。可惜的是，太平军在永安终是没能站住脚，1851年年底，由乌兰泰带领的清军攻破了永州防线要点水窦村，太平军被迫从永安突围，北上进围桂林。

061

自欺欺人大同梦

1853年，太平军攻陷南京，改南京名为"天京"，定为首都。随后颁布纲领性文献《天朝田亩制度》，规定了以解决土地问题为中心，包括社会组织、军事、文化教育诸方面的革命斗争纲领及社会改革方案。

《天朝田亩制度》的基本内容为"凡分田照人口，不论男妇，算其家口多寡，人多则分多，人寡则分寡"，意思是以每亩土地的年均产量为标准，划分上、中、下三级九等，然后好田坏田相互搭配，按人口平均分配下放。凡16岁以上的人均可以获得一份数量相等的土地，不分男女。15岁以下的则减半。除此之外，还有"丰荒相通""以丰赈荒"的调剂办法。可以说，《天朝田亩制度》的颁布，充分体现了太平天国"凡天下田，天下人同耕"的思想原则。

除了土地制度，《天朝田亩制度》还对社会的构成单位做了重新规定，以25家为一个基层单位，称为"两"。每两个"两"，设一官职"两司马"作为主持。每5家设"伍长"一人，每家各出1人当兵为伍卒，"有警则首领统之为兵，杀敌捕贼，无事则首领督之为农"。而每个基层单位，均建有一个"国库"，"凡当收成时，两司马督伍长除足其25家每人所食可接新谷外，余则归国库，凡麦、豆、苎麻、布帛、鸡、犬各物及银钱亦然"。各家遇有婚丧嫁娶和生育等事，可按规定到"国库"领取相关费用；鳏寡孤独残废等丧失劳动能力的人，也由"国库"的开支抚养。农民除了耕种外，还要利用农闲时间饲养猪、鸡、蚕，从事纺织、缝衣、制作陶器、木活、打石等家庭副业和手工业生产。

在政治制度上，实行乡官制度。县一级以上，多由革命军将领担任负责人；在地方，乡官则由贫苦农民担任。《天朝田亩制度》中规定，地方官吏由人民选举，"凡天下每岁一举，以补诸官之缺"。乡官如有贪污不法，人民有检举揭发、随时革退的权力。该制度中关于地方政权建立的规定，实际上大大地推进了革命的发展。

《天朝田亩制度》中还有关于妇女政策的规定。在新的规定中，妇女与男子拥有了一样的权力，都有权得到土地和生活资料的分配，参与军政事务，以及一起参加拜上帝的活动。太平天国禁止缠足和买卖婚姻，极大地保护了妇女权益。甚至还设置女官，开科取士，使妇女地位显著提高，大大提高了妇女的积极性。

在婚姻上，除了废除把妇女当作商品的买卖婚姻，提倡"天下婚姻不论财"以外，太平天国还为自由结合的夫妻颁发结婚证书，称为"合挥"。在合挥之上登记有结婚人的姓名、年岁、籍贯等项目，还盖有龙凤图章。

《天朝田亩制度》集中体现了太平天国反封建的革命性质，它的创制者们希望通过这样的方案，建立一个"有田同耕，有饭同食,有衣同穿,有钱同使,无处不均匀,无人不饱暖"的理想社会,这是因为他们自身对封建剥削有着切肤之痛,然而对于资本主义,由于接触了解不多,他们的确并无多少预见。因此,《天朝田亩制度》同时具备了革命性和封建落后性,这个矛盾是由农民小生产者的经济地位所决定的。这也决定了太平天国领袖们所绘制的平分土地和社会经济生活的蓝图,在实际上根本不可能实现。事实上,为了适应现实的迫切需要,他们不得不采取一些较为切实可行的措施。

在清政府统治的 200 年间,土地高度集中,农民破产流离,地租高昂,赋税沉重,严重恶化了农民与封建地主阶级的矛盾,使其发展到极其尖锐的程度。广大贫苦人民迫切要求推翻清王朝反动政权,渴望实现"田产均耕""均田均赋"的小康之世,消除剥削。而《天朝田亩制度》中提倡平分土地的平均主义,在当时的历史条件下就显现了其充分的革命性,成为农民旷古未有的大喜事、盼望千年的"福音"。因此毫无疑问,《天朝田亩制度》的出世不但合乎农民的需要,符合当时经济发展的客观需要,更是顺乎历史要求的,它的平分方案坚决否定了封建地主所有制,也为中国萌芽中的资本主义扫清了道路,为其发育成长创造了必不可少的客观条件。

天王梦碎了

永安建制封王之时，洪秀全就曾规定西王以下皆受东王杨秀清节制。这是因为早在举义之前，杨秀清就曾和西王萧朝贵联手上演过一出"天兄天父"下凡的把戏，有了这个代"天父"传言的特殊地位，东王便得以与天王分享在宗教上的最高发言权。在太平天国前期，洪秀全讲求帝仪制和沉溺于宗教迷信，潜居深宫，疏于朝政，因此其地位虽在各王之上，在制度上却是一个虚君。所以当南王冯云山及西王萧朝贵相继战死后，军政实权就愈发集中到东王杨秀清一人的身上。

在定都天京以后，东王与其他诸王的关系日渐恶化。有一次，北王的下属犯了错误，东王因此问责北王，甚至还下令杖打北王。其后，北王的亲戚跟东王的亲戚发生财产争执，此事激怒了东王，东王让北王议罪，北王被迫判其亲戚五马分尸。

1856年，太平军西征获胜，接连攻破了江北、江南大营，成功解除天京三年之围。天京得到巩固以后，杨秀清权力欲望急剧膨胀，遂起了废洪自立之意。8月22日，杨秀清再次以代天父传言的方式，召洪秀全到东王府，逼洪秀全封自己为"万岁"，激化了领导集团内部的矛盾。此时，北王韦昌辉请求天王诛杀东王，天王却没有采纳其建议。后东王以西线紧急为由，把北王韦昌辉和翼王石达开调往前线督师，天京只剩下了天王和东王。不久，陈承瑢向天王告密，揭露东王弑君篡位的企图，于是天王密诏北王韦昌辉、翼王石达开及燕王秦日纲回天京，暗中商议铲除东王杨秀清。

9月1日，北王韦昌辉率三千精兵赶回天京，当夜在城外与燕王秦日纲会合，陈承瑢开城门接应，并于凌晨突袭东王府，杨秀清被杀，府内数千男女随从家属也被尽数灭口。其后北王以搜捕"东党"为名，诱杀在天京的东王部下各级文武及其家属5000人。东王部属余众奋起反抗，双方展开血战，历时两个月，死者共计二三万人。

十余日后，翼王石达开自武昌赶回天京，责备韦昌辉滥杀无辜的行为，引起韦昌辉对其的杀心，为躲避追杀，石达开连夜逃出天京，但韦昌辉尽杀其留京家属及王府部属。石达开逃至安庆，召集部众4万，起兵讨伐北王，同时上书天王洪秀全，要求杀北王以谢天下，否则就班师回京以清君侧。此时在天京以外的太平军大多支持翼王，北王情急之下攻打天王府，洪秀全和朝中大将因此认清韦昌辉的真面目，诛韦昌辉。后来洪秀全又派兵把秦日纲和陈承瑢押回处斩。长达两个多月的天京变乱（又称杨韦事变）终告一段落。

11月，石达开率兵回天京，接管军政内务。虽然其为扭转危局尽心尽力，却遭到了天王的猜忌，重用其兄弟以牵制石达开。1857年，石达开被激，率部出走天京。

在这场天京事变中，东王杨秀清、北王韦昌辉先后被杀，翼王石达开出走败亡，严重削弱了太平天国的领导和军事力量。事变以后，太平天国内人心涣散，军事形势逆转，清军陆续在各战场得胜，太平天国的控制区大为缩小。

对于这次天京内讧的真实起因，史学界众说纷纭。通说有逼封万岁说（包括无诏擅杀说）、告密说（包括陷害说）、索取伪印说（包括索取金玺）、加封万岁说（包括故意加封说）、自居万岁说五种，一般说来"逼封万岁说"是较传统的说法，而"告密说"亦广为人支持。

"告密说"的支持者认为，"逼封万岁说"依据的史料主要是各种私人笔记，其原始叙述往往错谬百出，有违情理，因此很有可能只是以讹传讹的坊间传闻或政治谣言，"告密说"则可以在外国人的记载，以及清政府和太平天国的文书中找到根据，可信度更高。

在距离天京事变不到一年的1857年1月3日，一位外国人布列治门在《华北先驱周报》上发表了一篇通讯，说"先是杨秀清有一心腹部将为其亲信，不知何故，向洪秀全告密，洪立即召其心腹盟弟北王韦昌辉回兵勤王，一以保护其自己生命，次则以诛灭谋篡位者"。又说"缘那大僭窃音（指杨秀清自1849年起即自称得上帝附体，因而成为全军的实际元首），却被阴谋所算而被杀。人皆相信彼有奸谋欲弑天王而夺其位，他却被一同盟的高级人员所卖，对天王告密，而自告奋勇愿负扫除奸党之责。洪秀全于昏聩之中忽然醒悟，立即传谕召出征安徽之北王韦昌辉及方奔丹阳之顶天侯，或并有其他首领回京"。

持"告密说"的人认为，"告密说"与"逼封万岁说"是完全对立的。因为假如杨秀清是当着洪秀全的面逼封自己为"万岁"，则篡位意图已明显公开暴露，也不再存在有何"密"可"告"了。而假若采取"告密说"，则表明杨秀清一切活动都是秘密进行，不可能有公开的"逼封万岁"。麦高文的通讯中还指出了告密者是太平天国领导人物中的第八位。从洪秀全算起，第八位应是胡以晃，不过胡早在内讧之前已经病死，排除已死的胡以晃，第八位则应是朝内官领袖佐天侯陈承瑢。

在清政府的文书中也同样可以找到"告密说"的根据。据咸丰六年十二月二十日江北大营钦差大臣德兴阿奏报：在韦昌辉被杀后，洪秀全又于十一月初一将燕王秦日纲与佐天侯陈承瑢处死，可见这三个人与此次天京内讧有关。韦昌辉、秦日纲是袭杀杨秀清并大杀其部属二万余人的罪魁祸首，处死自毋庸置疑。然而为什么陈承瑢也被处死了呢？很可能就是因犯"告密"不实的陷害而被问罪。

这意味着，在杨秀清遭受陷害被杀后不久，太平天国政府曾公开为之平反昭雪，定杨秀清被杀之日为东王升节扎，简称东升节。洪秀全在《天历六节并命官富作月令诏》中说："天历三重识东王，降托东王是父皇。爷前下凡空中讲，爷今圣旨降托杨。七月廿七东升节，天国代代莫些王。谢爷降托赎病主，乃埋世人转天堂。"

惹不起，躲得起

1864年，轰轰烈烈的太平天国运动落下了帷幕。从初期的势如破竹到最后的惨淡收场，太平天国一路走来，有一个名字是后世怎么绕也绕不开的。他攻无不克，战无不胜，令清军百万雄师闻风丧胆，就连晚清重臣曾国藩都是他的手下败将。这人就是太平天国的"翼王"石达开，人称"石敢当"。

石达开是太平天国最具传奇色彩的人物之一。16岁时，洪秀全、冯云山邀其共图大计；19岁时，毁家纾难，统领千军；20岁时，晋封"翼王五千岁"。他本是曾国藩的敌手，在战场上，曾国藩每遇石达开，必一败涂地。1854年，太平军在西征战场遭遇曾国藩湘军的凶狠反扑，节节败退。湘军势如破竹，直逼湖口。石达开看出湘军最大的优势在水师，他想到当湘军水师进入湖口以后，用装满沙石的大船堵住航道，将湘军水师分割成两部分，然后分别攻击。这个计谋果真取得了成功。湘军大败，水师溃不成军，曾国藩愤而投江，被部下救起。从此，西线战事步入全盛时期。

之后，石达开挥师江西，4个月内拿下七府四十七县。由于太平军纪律严明、爱护百姓，江西人民争相拥戴，纷纷加入石达开的队伍，队伍人数很快就由1万多人上升到10万之多。1856年，他与曾国藩率领的湘军对阵于江西樟树，结果湘军大败。这时，石达开所率领的队伍已经从四面包围了曾国藩所在的南昌城，湘军全线溃败指日可待。

这时，石达开收到了天京发生内乱的消息，奉命班师回朝。回到天京却发现东王杨秀清已经被杀，他的上万部属也惨遭株连。石达开反对株连，韦昌辉却把他反对滥杀无辜的主张曲解成对杨秀清的偏袒。为了躲避韦昌辉的加害，石达开逃出天京，而他的家人和部属惨遭株连，无一幸免。

之后，石达开在安徽举兵靖难，天王下诏诛杀韦昌辉，并召石达开回京。石达开不计私怨，深得人心。后来，当他发现天王洪秀全对他心生疑忌之后，为了防止内讧再次爆发，他于1857年5月离开天京。

石达开的这次出走既是太平天国真正走向衰落的标志，也是他与王权彻底决裂的标志。

翼王石达开仍旧与太平天国运动相联结，这是事实。但是他已经把运动与天王分开了，他忠于太平天国，却不再忠于天王。太平天国一直都是他的梦想，他渴望"无处不均匀，无人不温饱"，但残酷的现实却让他意识到，太平天国的性质已悄然间发生了改变。

洪秀全在天京滥杀无辜，他的每一刀都砍在了王权的骨子里。一开始，他起用杨秀清和萧朝贵，用巫术排挤了冯云山。萧朝贵看清了洪秀全的真面目，所以金田起义时，洪秀全又跟杨秀清合作，排挤萧朝贵。永安建制本来是五王共和，结果却变为东王一边独大。而当洪秀全跟杨秀清合作时，杨秀清表面占尽上风，但实际上洪秀全一边故意让杨秀清表现出他的野心，一边煽动韦昌辉和石达开。韦昌辉和石达开均手握重兵，而且韦昌辉与杨秀清本来就有私仇。这样，洪秀全一下指令，韦昌辉就开始对杨秀清动手。韦昌辉不知道的是，他也不过是洪秀全手中的一枚棋子。洪秀全的本意就是在杨秀清死后挑起韦昌辉跟石达开的矛盾，借机置韦昌辉于死地。洪秀全诛杀韦昌辉看似为了平民愤，其实是为了除去其走向专制路上的绊脚石。

洪秀全知道，石达开是性情中人，他虽手握重兵，却不愿卷入任何权力斗争之中。为了找一个杀手，他又把目光投向了北王韦昌辉。北王韦昌辉和天王洪秀全一样，对东王杨秀清的飞扬跋扈多有不满。在洪秀全的默许之下，韦昌辉很快就动手了，他发动"天京事变"诛杀了杨秀清以及他手下的上万部属。

韦昌辉在洪秀全的默许之下大肆杀戮时，并没有想到，他一心效忠的天王，此时已经悄悄通知翼王石达开，要他回来安定局面。这直接导致韦昌辉和石达开互相猜疑。石达开要求韦昌辉停止杀戮，韦昌辉却以为石达开是在偏袒杨秀清，并将手中的刺刀伸向了石达开。为了躲避韦昌辉的杀害，石达开离开了天京，但杀戮却蔓延到了他的家里。

一切都在按着洪秀全计划的方向发展，他成功离间了韦昌辉和石达开，韦昌辉的残暴杀戮也成功激怒了天国的将士。很快，石达开就举兵靖难，要求天王诛杀韦昌辉。为了"平民愤"，洪秀全将刺刀伸向了韦昌辉。至此，通往专制路上的绊脚石已经只剩下一个翼王石达开了。

聪明的石达开早就看清了洪秀全的意图，也明白自己此时的处境。他知道，如果继续留在天京，他只有两个选择，一个是等着被洪秀全害死，一个是起兵取而代之。他既不想死，也不想再次内讧，所以只好离开。

离开天京之后，他转战江西、福建等地，后来又率军前往湘贵川一带。由于军心涣散，石达开的队伍渐渐陷入困境。

1863年，清军在大渡河南岸的紫打地包围了石达开的部队，2000多名起义军被诛杀。石达开被捕后，遭凌迟之刑。在行刑的过程中，他始终昂然挺立，神色怡然，至死都没有发出一声呻吟。

回光返照，大势难返

太平天国经历了天京事变之后，元气大伤，而正是在这一阶段，崛起了两位太平军领袖，一个为李秀成，一个为陈玉成，前者被封为忠王，后者被封为英王。

李秀成，1823年出生于广西藤县大黎里新旺村，初名以文。家境贫寒，无田无地，受人鄙夷，和父母一起"寻食度日"，生活之艰难可想而知。成年之后，洪秀全的拜上帝教给生活毫无希望的李秀成带去了希望。就此，李秀成于道光二十九年（1849年）加入了拜上帝教，对洪秀全及其教旨十分崇敬，并于两年之后义无反顾地加入了起义的太平军营。

在军营里，李秀成充分地发挥了自己的军事才能，作战勇敢，擅用计谋，从一个普通的士兵迅速地成长为一个青年将领，成为杨秀清座下猛将之一。咸丰三年（1853年），太平天国定都天京，李秀成被擢升为右四军帅。数月之后，李秀成又升任为四监军。同年十月，石达开带着李秀成前去安庆安抚民心，李秀成"逢轻重苦难不辞""修营作寨，无不尽心"。次年春，他便被提拔为二十指挥，前往庐州镇守。

随着太平天国运动的风起，清政府开始下大力气进行镇压，派出将领吉尔阿和总兵张国梁来到了镇江，全力镇压太平天国，从而威胁天京。为解镇江之围，李秀成和秦日纲、陈玉成等人于咸丰六年（1856年）二月前往镇江进行救援。

陈玉成，道光十七年（1837年）出生于广西藤县大黎里西岸村，初名丕成，天王洪秀全嘉其忠勇，改其名为玉成。和李秀成一样，陈玉成也是农民出身，家中上无片瓦，下无立锥之地。从小便是孤儿的陈玉成，只能和叔父陈承瑢相依为命，艰难度日，后来在叔父的带领下，陈玉成于咸丰元年（1851年）参加了金田起义。

参加起义后的陈玉成做了一名童子军，积极苦练，成就了一身好枪法，很快便坐上了童子军首领的位置。此后，其骁勇善战之名鹊起，为太平军核心将领所知晓，并在参加起义两年后，当上"左四军正典圣粮"，主管军粮。

咸丰四年（1854年）六月的一场战役，让陈玉成震烁三军。当时太平军西征攻取武昌，清军负隅顽抗，招致太平军久攻不下，幸得陈玉成"舍死苦战，攻城陷阵，矫捷先登"。为了能够尽早地攻取武昌，打敌人一个措手不及，陈玉成亲率五百"天兵缒城而上，以致官兵溃散，遂陷鄂省"。

就这样，年仅18岁的陈玉成立下战功，被提升为殿右三十检点（位在丞相以下），统领后十三军及水营前四军，也赢得了"三十检点回马枪"的美称。此后，陈玉成更是连战连捷，声名如日中天，两年之后，便被提拔为冬宫下丞相。

此时，李秀成的地位虽然难以企及陈玉成的高度，但是陈玉成却早就知晓了李秀成的名声，再加上燕王秦日纲，三人都不约而同地相信，太平军有能力打败清军，解开镇江之围。然而，当秦日纲大军前往救援镇江之时，竟然遭到了清军的顽强阻截，双方僵持不下。于是，陈玉成不惜以身犯险，坐着小舟前往镇江，与当地守将吴如孝取得联系。李秀成则巧出奇兵，带三千人趁黑夜越过汤头岔河。两方大军内外夹击，将吉尔杭阿杀得大败，镇江之围就此解开。

后来，二人又在石达开等各路大军的通力协作下，一举拔除了威胁天京的清军"江南大营"。经过长达四昼夜的激烈战斗，清军统帅向荣败逃丹阳，太平军紧追不舍，上天无路、入地无门的向荣只能自缢而死。

天京事变后，太平天国由盛转衰，清军遂加紧了对太平军的攻势。在石达开的部署下，太平军稳守要隘，伺机反攻，陈玉成、李秀成、杨辅清、石镇吉等后起之秀开始走上一线，独当一面，天京变乱以来造成的被动局面逐渐得到扭转。洪秀全也开始重新建立全新的领导核心。

咸丰八年（1858年），洪秀全恢复前期五军主将制，陈玉成和李秀成分别担任了前军主将和后军主将。同年8月，陈玉成、李秀成约集太平军各地守将在安徽枞阳会和，在多方通力合作和奋力拼杀下，终于粉碎了清军合围天京的江北大营。

正当李秀成和陈玉成二人在战场上舍生忘死、为国建功时，洪秀全封其族弟洪仁玕为干王。洪仁玕尚无尺寸之功就受此封号，多少让人有些不服。清军看到了机会，遂向李秀成写了一封信，劝他投降清政府。然而，这封信却最终落到了洪秀全的手中，洪秀全大惊之下，遂将李秀成的母妻押当，而且还不让李秀成返回天京。此时，李秀成依然在浦口与敌军生死力战，作战骁勇，忠贞不渝，洪秀全逐渐解除了疑虑，并亲书"万古忠义"四字送给李秀成，敕封其为忠王。

不久，清军卷土重来，以江南大营为根据地，全力进攻太平军。李秀成遂奉命率精兵从浦口出发奇袭杭州。在李秀成浑然天成的指挥下，太平军很快攻克杭州，更引得江南大营统帅和春前往救援。如此引蛇出洞，江南大营瓦解。此后，李秀成开始全力进攻苏州和常州地区，而湘军则趁机围攻安庆。安庆是仅次于天京的政治、军事中心，其得失对于太平天国之成败举足轻重。于是，洪秀全让陈玉成所部从长江北岸进攻武昌，而李秀成的军队则从南岸进攻，清军惊恐万状。

很快，李秀成便攻下了武昌县，然而另一边的陈玉成却在集贤关等处作战失利。此前李秀成便执意不肯西征，只是碍于洪秀全的权威被迫如此，得知了这个消息后，李秀成立马带领大军撤出了湖北，双方大军会师的计划就此落空，更为严重的是，安庆的局势更加危急。洪仁玕遂写信，其"弃而不顾，徒以苏杭繁华之地，一经挫折，必不能久远"。果然不出洪仁玕所料，尽管天京方面付出了巨大的努力，安庆最终还是难免陷落之结果。

安庆失陷后，陈玉成率部镇守庐州，"请命自守"，同时打算分兵扫北，"由汴梁直取燕京，共归一统"。然而此时，陈玉成的处境也极为不妙，一方面，洪秀全对其做了革职处分，另一方面，清军多隆阿部加紧进攻。后来，陈玉成抛弃庐州北去，到达早就暗投清政府的苗沛霖所在的寿州。

《被掳纪略》记载，面对敌人的威逼利诱，陈玉成不为所动："大丈夫死则死耳，何饶舌也！"同治元年（1862年）六月四日，陈玉成于河南延津就义，时年25岁。

另一边，李秀成在进攻上海之时，重创了英法干涉军和洋枪队，不久之后又破清营30余座，收复嘉兴，并在浙江慈溪一战中打死"常胜军"头子华尔。此时，局势渐渐不利于太平军。随着陈玉成的身死，太平军士气受挫，清廷与外国军队联合，将太平军的根据地打得越来越小。

此后，清军围困天京，李秀成多次尝试救援未果，只能向洪秀全建议："京城不能守，曾帅兵困甚严，壕深垒固，内少粮草，外救不来，让城别走。不如舍天京，尽弃苏浙两省地，御驾亲征，直趋北方，据齐、豫、秦、晋上游之势以控东南。其地为妖兵水师所不能至，洋鬼势力所不能及，然后中原可图，天下可定也。"不过，他的建议遭到了洪秀全的拒绝。

同治三年（1864年）六月一日，洪秀全久病不治而死，天京城很快陷落，李秀成也在天京城外东南的方山被清军擒获。太平天国运动就此一蹶不振。

第三章
签到手软的各色条约

鸦片战争的硝烟未散,第二次鸦片战争的炮火再度来袭。《天津条约》《北京条约》《瑷珲条约》……一个个不平等条约的签订,让原本飘摇的大清变成了风中残烛。

英军轰不开的城门

《南京条约》签订以后,大喜过望的英国人以为从此打开了清帝国这个古老神秘国家的大门,举国上下欣喜若狂,但令他们没有想到的是,在合约签署后的7年之内,他们所要解决的首要问题,居然是要如何进入广州城。

自从鸦片战争以来,广州及其周边地带的排外情绪就空前高涨。特别是清政府官员在鸦片战争中无能懦弱的表现更是让当地民众无比失望。他们自发组织了"团练",维护地方社会的安定团结。通过士绅阶级的串联,当地的民众对英国人的抵制和仇恨情绪达到了空前绝后的高潮。

此时清政府负责办理善后和通商事宜的是钦差大臣、两广总督耆英。他遵循着清政府一贯的中庸之道政策:一方面,他不能让英国人得寸进尺,否则清政府统治的合法性就会受到民众的质疑,甚至引发叛乱;但另一方面,他又不能不对英国人表示一定程度的妥协,否则英国的军事威胁也颇为令人头疼。

在《南京条约》签订之后,耆英本想按照《南京条约》的规定和英国人的要求,将广州向外国人开放,但英国人自己却并没有表现出一定程度的克制以配合耆英开展说服当地民众的工作。1842年底,有一个印度籍炮手和当地小贩发生争吵并将其刺死,愤怒的民众自发组织起来,打砸了英国商馆。耆英不得不出动兵力镇压了这一次暴动。因为这个缘故,1843年,耆英打算宣布开放广州城的决定遭到了当地人的激烈反对,当时的英国公使璞鼎查也不得不暂时放弃了立刻入城的打算。

1844年,德庇时接任英国公使。他是强硬派的代表,上任一年以后,便向耆英直截了当地提出进入广州城的要求,他认为清政府是在蓄意搪塞拖延。面对咄咄逼人的德庇时,耆英只好与英方于1845年下半年陆续举行了一系列会谈。英国驻广东领事马额峨是英方的首席谈判代表,在他最终以拒绝归还舟山群岛给清政府为威胁时,耆英只好屈服。1846年初,耆英发布通告,宣称外国人将进入广州城。

然而出乎耆英的预料,当地百姓对这一通告表现出空前的抵制。就在官方通告发布的第二天,大街小巷就出现了大量的揭帖,声称洋人进城一步,定然格杀勿论。由于事机不密,广州知府刘浔在耆英的授意下正在与英国人商谈进城的具体日期这一秘密被泄露了出去。得知此事的当地民众在刘浔结束会谈返回衙门的时候借机发难,他们高呼"官方清道以迎洋鬼,其以吾民为鱼肉也",并且指斥刘浔"彼将事夷,不复为大清官矣"。愤怒的民众冲进了知府衙门,烧掉了刘浔的官服,刘浔落荒而逃。

民众的怒火让耆英如坐针毡,他不得不贴出告示宣称支持民众的态度,并且声称先前的举动只是为了考验一下民众的爱国热忱。

道光皇帝的谕旨也仍然含糊其辞地表示了对当地民众态度的重视。在这种情况下，英国人只好再次暂时放弃了入城的要求。

可是英国人的妥协来得太晚，洋人和当地民众之间的关系已经极其恶劣。1846年7月，英国商人康普顿同当地小贩发生争执，民众包围英国商馆，被英国商人打死3人；1847年3月，6名英国人在佛山遭到村民投掷石子；1847年12月，发生了著名的黄竹歧事件：6名英国人在黄竹歧遭到了村民的袭击，全部被乱刀砍死。

此时的耆英已经心力交瘁：他要为每一次民众和英国人的冲突善后，但却没有任何一边领他的情。他对英国人的安抚在当地人看来都是姑息迁就，而他对乡民的劝告说服在英国人看来却根本起不到任何作用。1848年，力不从心的耆英最终被道光皇帝撤职，由徐广缙接任他的职务，叶名琛则接任广东巡抚。而与此同时，乔治·文翰也接替德庇时成为新的全权公使与香港总督。

和身为宗室子弟的耆英不同，徐广缙的士绅背景让他更容易站在群情激愤的当地百姓一方，因而他对英国人的态度就更加强硬。文翰上任伊始，就和徐广缙讨论英国人进入广州城的可能性。原来早在1847年时，英军曾经再次攻占虎门炮台，彼时的耆英和德庇时签订了《虎门协定》，双方达成共识：英国人可以在两年以后，即1849年进入广州城。如今时间将到，文翰故而拿出《虎门协定》，要求徐广缙履行条约。

在徐广缙看来，《虎门协定》并不是两国政府之间的正式外交协议，而仅仅是耆英个人的外交政策，因此它理当随着耆英的下台而废止。现在要怎么办，还要他自己说了算。无奈的文翰只好重新与徐广缙进行谈判。

1849年2月,双方在英方的军舰上举行谈判。据清朝一些野史的记载,英国人从一开始就安排了将徐广缙扣押作为人质,借此逼迫清政府开放广州城的阴谋,但是在当地团练的援救之下,最终没有得逞。其实事情并没有那么复杂,文翰只是邀请徐广缙进入其舱房进行私人谈话,并且在第二天赴水师衙门进行了回访。

徐广缙与他的前任最大的不同,就是首次公开支持了团练的存在。团练是当地士绅组织的民兵组织,在鸦片战争中曾经有效地抵御了英国人的进攻。但由于担心失控,清政府一直都对团练采取"不反对不支持"的态度。徐广缙则公开要求城乡居民组织团练。受此鼓舞,团练迅速壮大起来,一度达到10万之众。

远在北京的道光帝曾经一度担心要求得不到满足的英国人重启战事,像鸦片战争一样,绕开广州,把军舰开到北部沿海,直接对北京构成威胁。因此下旨要求徐广缙允许英国人入城,让他与文翰商议具体日期。有了10万团练做后盾的徐广缙坚决反对皇帝的建议,他将广州当地民众群情激愤的状况汇报给道光帝,说此时如果允许英国人进入广州,无疑会导致"内外交讧"的动乱局面。面对文翰屡次的催促和百姓要求立即拒绝的压力,徐广缙决定赌一把。他告诉文翰,皇帝已有圣旨,"决不能拂百姓以顺远人",拒绝了英国人进城的要求。

徐广缙的赌博无疑是冒险的,矫诏属于大逆不道的罪名。幸运的是他赌对了。在叶名琛的帮腔之下,道光帝改变了主意,他决定听从徐广缙的意见,并下发谕旨要求徐广缙自行处理。面对清政府的态度和十余万严阵以待的民众,文翰感到无可奈何。

1849年4月6日,是《虎门协定》中英国人入城的日子,然而这一天广州城并没有出现任何一个英国人的身影。道光皇帝对这场外交胜利给予了极高的评价,徐广缙受封一等子爵,赏双眼花翎;叶名琛受封一等男爵,赏单眼花翎,当地民众被授予"众志成城"的匾额。而当地民众也将这次"胜利"视作徐广缙和叶名琛领导有方的结果,为他们树碑纪念。

英国方面则为清政府的出尔反尔勃然大怒。巴麦尊随即发表了著名的"威吓的棍子"的讲话:"这些半开化的政府,每八到十年就需要整整队,以使他们不要乱了套。"英国人并不甘心这样的失败,7年之后,在第二次鸦片战争中,他们卷土重来,终于占领了广州城。

卷土重来要你好看

亚罗战争

咸丰六年（1856年）九月初十，清广东水师在广州江面上检查了一艘名为"亚罗号"的船，逮捕了船上12名涉嫌水手。这纯系中国内政，与英国毫不相干，但英驻广州领事巴夏礼闻讯后，遵照英国政府的指示，以"亚罗号"曾在香港登记，属英国船为由，要求释放全部被捕水手，被水师官员拒绝。于是，巴夏礼一面向公使包令报告，捏造水师官兵在逮捕水手时扯下了船上的英国国旗，污辱了英国的尊严；一面致函两广总督叶名琛，要求赔礼道歉，释放被捕人员，并保证今后不发生此类事件。这就是"亚罗号"事件的大致内容。

"亚罗号"是一艘划艇，咸丰四年（1854年）在内地造成。它的设计者是中国人苏亚成。该划艇综合了中西各具特色的样式，后卖给居住在香港的中国人方亚明。咸丰五年（1855年）八月十七日，该船在香港殖民政府注册，取得了为期一年的执照，并雇用一名爱尔兰人为船长，但水手全都是中国人。到"亚罗号"事件发生时，其执照已过期12天，按法理，已不再受香港政府保护，但英国官员却对清政府隐瞒了实情。更为重要的是，"亚罗号"是一条海盗船，也是一条走私船，多次在海上进行抢劫、走私活动。澳门政府曾经发现这条船的海盗活动，并想把它扣留下来，但它却侥幸逃脱了。清水师官兵正是得到了几天前在海上被劫商人的举报，才检查并扣押这条船的。被捕的12人中，有两名是臭名昭著的海匪。

九月十二日，即事件发生的两天之后，叶名琛答应释放水手9人，并将获犯送到英领事馆，但巴夏礼百般挑剔，拒不接受。十四日，巴夏礼根据包令的训令，提出两天内释放人犯、赔礼道歉的无理要求，叶名琛拒绝。十八日，包令照会叶名琛：如果你们不尽快答应我们的条件，弥补你们的错误，那么休怪我们命令我国水师攻城，将和约中没有答应的入城、租地等事项变成事实。此处所谓和约缺陷，就是中英长期交涉的入城、租地等事项。二十三日，巴夏礼限叶名琛24小时内承认其条件，否则攻城。叶名琛答应释放水手10人。次日，叶名琛答应释放全部水手，但因本国水师并未将船上的英国国旗扯下，所以不答应赔礼道歉一项。于是，包令即将事务移交英驻东印度及中国区舰队司令西马糜各厘手中，令其进攻广州。亚罗战争，即第二次鸦片战争开始了。

九月二十五日，西马糜各厘率英舰三艘，突然闯入珠江，越过虎门，攻占广州东郊的猎德等炮台。叶名琛此时正在阅看武乡试，闻讯后说："肯定不会有事的，傍晚时他们自会离开。"下令水师战船后撤，并不准放炮还击入侵的英国军舰，言毕继续阅看骑马射箭。二十六日，英军攻占南郊凤凰冈等处炮台，叶名琛仍不动声色，继续阅看武乡试。二十七日，英军占领海珠炮台、商馆等处，兵临广州城下，叶名琛这才下令中断中外贸易，企图以此制裁英国。二十九日，西马縻各厘照会叶名琛，提出入城要求，叶名琛没有给他答复。恼羞成怒的西马縻各厘下令于当日下午炮轰两广总督衙署。署内兵役逃匿一空，而叶名琛端坐二堂，毫无惧色，发布告示：要求广州军民齐心协力、痛加剿捕，不论是谁，杀死一名英军可以得到30元赏银。三十日，英军炮轰新城城墙，到傍晚的时候，城墙已被轰塌出口，叶名琛仍不为所动。十月初一下午，100多名英军攻入新城。叶名琛因于当日上午去文庙烧香，听到新城被英军攻入的消息后，暂时躲避在新城的巡抚衙署。当日晚，西马縻各厘因兵力不足，无法占据广州，不得不从城内撤兵。此后，英军连续炮击广州，并三次照会叶名琛，仍旧提出道歉、入城等无理要求，叶名琛在三次回复中照样加以拒绝。初九，西马縻各厘照会叶名琛，表示断绝两国友好关系，并于十三日攻毁猎德炮台，十五、十六日攻占虎门各炮台。二十日，英国公使包令前往广州，要求进城与叶名琛会见，被叶名琛一口拒绝。

与前一次战争相比，叶名琛这次的举动可以说是擅权自专。其中最重要、最突出的表现是，他不但很少向咸丰帝请示，甚至不及时报告广州所发生的重大情况。远在京城的咸丰帝，当时并不知道广州发生了什么事情，仍把注意力集中在到上海谈判修约的美国公使身上。迟至十一月十七日，也就是"亚罗号"事件发生两个多月后，咸丰帝才收到叶名琛关于"亚罗号"事件的奏折。叶名琛和当年鸦片战争时的杨芳、奕山一样，在奏折中隐瞒吃了败仗的事实，只说是自己这一方打胜了。他谎称击退英军进攻，毙伤英军400余名，并称：调集两万多名水陆兵勇就足够堵截剿灭英军了。在此错误情报的影响下，咸丰帝自然无法做出正确的决策，他命令叶名琛：如果英国连吃败仗之后，自己知道不该惹祸而前来要求停止战事的话，你只要想方设法控制他们的行动，消除争端就行了；如果他们仍然任意胡作非为，你万万不可迁就他们，和他们议和，不要像耆英等人那样做出迁就议和的误国的下策，以致开启他们向朝廷要求权力的祸端。咸丰帝认为叶名琛熟悉英国的情况，一定有驾驭他们的办法，下令让他相机行事。当年在鸦片战争中因弹劾琦善私许香港而名噪一时的怡良，此时任两江总督，他通过上海这一窗口了解了广东的战争，但因叶名琛为咸丰帝宠臣，不敢说明实际情况，只是将广东战况委婉地在奏折中说明。咸丰帝全然不信，让怡良不要被眼前情况所迷惑。

叶名琛如此办理，一方面是因为遍及半个中国的太平天国运动浪潮，使朝廷忙得没有喘息之机，无兵无饷又无主见，地方官上奏往往不能奏效，反会获罪，隐藏实情不报或谎报军情已成为地方官的常情；另一方面是因为叶名琛自以为抓住了英军的老底，只不过是借"亚罗号"事件来进入广州城，英军的进攻只不过是道光二十七年（1847年）英军行动的重演。反对入城是叶名琛起家的根本，他绝不可能轻易让英军进入广州城。于是，他采用道光二十九年（1849年）的老方法，以断绝通商、兴办团练来对付英国，使自己不致重蹈道光二十七年耆英在英国兵威下屈服的覆辙。他认为，包令、巴夏礼不过是虚张声势，恫吓一下而已。西马縻各厘的几艘军舰能量有限，只要清军能够坚持到底，英方必无计可施，自然会撤退。因此，尽管英方的炮弹和照会纷纷交过来，叶名琛仍不为所动。"镇静"成为他对时局的态度和对策了。

广州附近的水陆战事，虽是英军常占上风，然而英国由于兵力不足，无法长期作战，所以常处在打打停停的状态。西马縻各厘于十二月先从商馆把军队撤到南郊凤凰冈，又从凤凰冈退出珠江。叶名琛以为其"镇静"的计策产生了作用，得意扬扬，于咸丰七年（1857年）正月上奏，说在水陆战中都打了胜仗，现在英军的情况处于不利地位。咸丰帝对此深信不疑，谕令叶名琛：如果英军首领自知理亏，对所犯的罪行表示悔恨，要求议和并不再提起进城的事的话，你只可答应他们的请求，消除兵端，但不可迁就他们，以免他们故态复萌，肆意要挟我大清国答应他们的过分要求。战场上受挫的清王朝，此时竟幻想并等待着英国的求和！朝廷的决策与广东的实际，完全南辕北辙。而咸丰帝不准"迁就"的谕旨，也使叶名琛只能硬着头皮撑到底。三月，叶名琛第三次向咸丰帝谎报胜利。此后，他干脆连报都不报了。咸丰帝在北京等得心焦，于五月下旨，令叶名琛将近况详细并全部奏报上来，以便令他放心。而在此时，一百艘广东水师船和雇来的红单船在珠江上被17艘英舰打得大败，广州外围炮台纷纷被英军占领，广州城实际上已经处于内江无战船、外围无炮台、孤城困守的局面，而叶名琛的第四次奏折，仍然不据实报告。主管对外事务的钦差大臣叶名琛，正是用欺瞒蒙蔽咸丰帝的办法，成为清政府对外政策的决策人，使清王朝在完全不知情的情况下，再次卷入大规模的战争。

亚罗战争，是第二次鸦片战争的开始。严格来说，它还不是中英两国之间的全面战争，而只是广东清军与香港英军之间较大规模的军事冲突。但是随着冲突的升级，全面战争也随之爆发了。

英法联军攻陷广州

"亚罗号"事件的消息传到伦敦之后，英国政府全力支持包

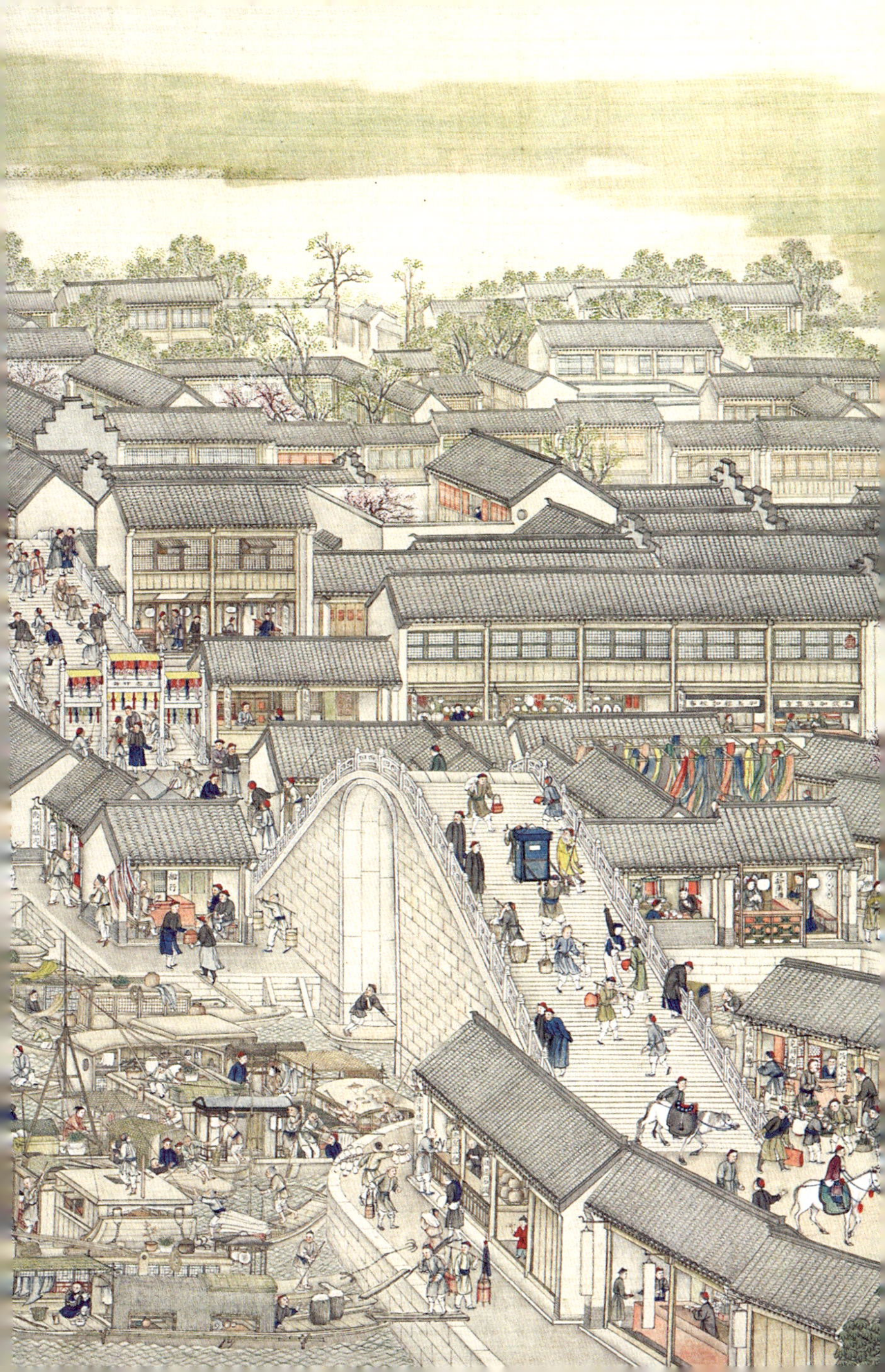

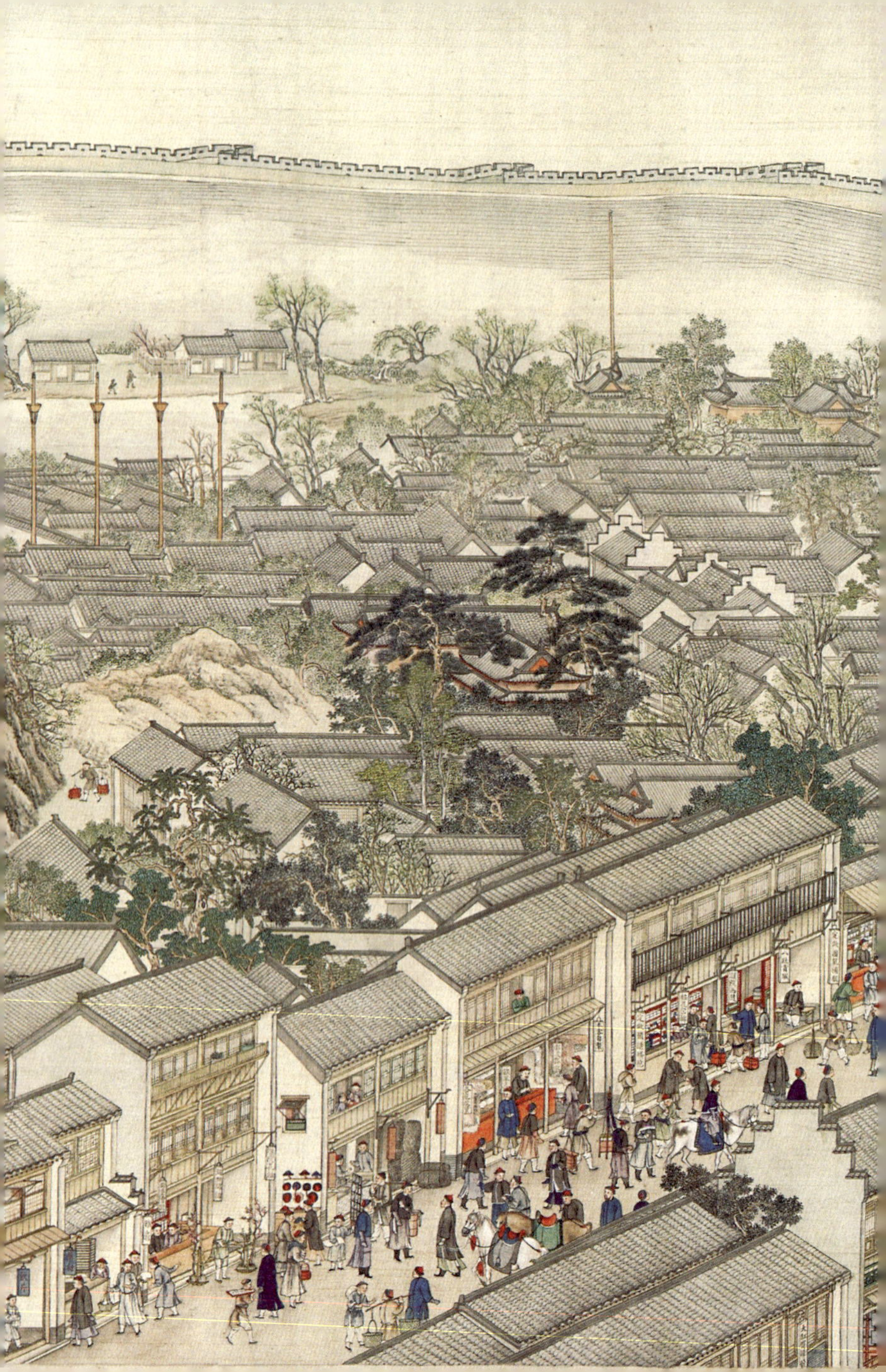

令、巴夏礼的战争行动，并准备调遣军队，扩大战争。此时的英国首相，正是鸦片战争时期任外相的巴麦尊。他一直主张武装侵略中国，扩大英国在华利益。但是英国议会中许多人有不同的意见。咸丰七年（1857年）二月，上院一议员提出一项议案，谴责英国在华官员擅用武力，经过辩论，这项议案以110票比146票被上院否决。巴麦尊政府以36票的优势获胜。此时，下院一议员也提出了类似的议案，表决时以263票比247票得以通过。根据英国的政治制度，政府的重大决策被下院否决后，或者是政府总理辞职另组政府，或者是解散下院重新大选。巴麦尊在下院议案通过后的第二天，宣布解散下院。结果，巴麦尊一派在重新选举中获得大胜。二月底，英国政府派额尔金伯爵为办理对华交涉的高级专使，准备对华正式用兵，并与法国、美国频频联络，准备联合行动。

"亚罗号"事件发生前，法国传教士马赖非法潜入未开放的广西西林县传教，在咸丰六年（1856年）正月被当地官员处死。这就是"马神甫事件"，又称"西林教案"。事件发生后，法国驻华官员多次要求赔偿、道歉。叶名琛或者置之不理，或者给予拒绝。八月，法国政府在其驻华官员的要求下，准备向中国派遣军队，并且和英国驻法公使商量联合用兵的事情。此时，得到英国政府的请求，法国同与其历来在欧洲或殖民地事务上格格不入的英国，结成同盟。咸丰七年（1857年）三月，法国政府委派葛罗为办理对华交涉的高级专使，率兵来到中国。

"亚罗号"事件发生后，正在上海交涉修约的美国驻华委员伯驾闻讯赶回香港，准备参与行动。咸丰六年十月，美舰两艘由珠江驶向广东，被清军误击，美国军舰紧接着攻克了5座清军的炮台。

事后，叶名琛就误击事件向美方道歉，美军退出所占炮台。尽管伯驾等美国在华官员一再要求武力侵华，建议占领台湾、舟山等处，然而美国对外用兵权归于国会，国内又南北对立，势如水火。因此，美国政府仍坚持用"和平"的方法达到修约的目的，婉拒英国结为同盟的要求，但在修约问题上却答应同英法一致行动。咸丰七年（1857年）三月，美国政府派列卫廉为驻华公使。

此外，还有俄国。俄国由于侵华方式和目的与英、法、美有所不同，所以俄国的侵略对中国造成的损害最大。

这样，当时世界上最强大的四个国家——英、法、美、俄联手对付清王朝，其中英、法是主凶，美、俄是帮凶。而此时的清王朝正处于国内普遍反叛的困境。太平天国、天地会和各少数民族纷纷竖起义旗，关内十八行省中，已有十三省卷入于战争，其余直隶、山西、甘肃、陕西、四川等省，也不时爆发一些颇有规模的聚众抗官事件。这种清朝自建立以来从未遇见的混乱局面，使清王朝陷于立国以来前所未有的危险境地。因此，尽管咸丰帝内心仍坚持对外强硬的主张，但在叶名琛一再奏报"胜利"之后，仍然害怕英国会再次报复，引起战争，谕令叶名琛尽早了结中英争端。至于停止对外贸易，历来是清王朝"驾驭外夷"的重要手段，但此时国内战争的规模，使清政府财政空前紧张，粤海关每年数百万两的关税已成为清王朝坚持战争的重要饷源。原来一直是外国人要求恢复通商，而现在却变成了清朝皇帝要求恢复通商，并在给叶名琛的谕令中多次提出。

叶名琛早已得知额尔金来华的情报，但他认为，这是因为英国政府不满意包令等人向中国挑衅，因而另外派人来广东订约。咸丰七年闰五月，额尔金到达香港，想要联合法、美进行交涉，但法、美新使未到；想要进攻广州，兵力又不足。此时，印度爆发了士兵起义，使得原来准备调往中国的英军不能如期前往。额尔金见此时留在香港毫无意义，便返回印度，并将已调往香港或尚在途中的英军撤回印度，用以镇压士兵起义。叶名琛却把额尔金的行动误认为是英国无能的表现，认为他的"以静制动"方略取得了很大效果。

九月，列卫廉和俄国公使普提雅廷先后抵达香港；十月，额尔金返回香港。此时，英国已基本控制了印度的局势，将兵力转移到中国。英在香港、广州一带有军舰43艘，舰上官兵5500余人，在香港还有陆军4000余人。法国在香港、澳门一带也有军舰10艘。兵力已集结完毕，四国使节在商议后，于二十七日让额尔金、葛罗分别照会叶名琛，提出三项要求：第一，入城；第二，赔偿英国自"亚罗号"事件以来的损失，为马神甫事件向法国道歉、赔偿；第三，清朝派"平仪大臣"与英、法进行修约谈判。这个照会限定叶名琛十日之内答应前两项，否则"令水陆军重为力攻省垣"。这无疑是最后通牒。

但是，叶名琛却不这么认为。中英争端以来，他在香港等处安排有大量探子收集情报，但他仍用陈旧的观念去分析情报。他所感兴趣的，是额尔金在印度兵败逃至海边，正好得到法国军舰相救，才逃过这一劫难，英国女王"国书"刚刚送到香港，令"中国事宜务使好释嫌疑"，"毋得任仗威力，恃强行事"等此类子虚乌有之事。根据他的分析，额尔金新到任，如果将以前英方提出的要求置之不理，害怕国内的舆论对他不利，因而这次的照会不过是试一下而已，另外，印度士兵起义后，英军没有饷银来源，如果能像道光二十一年（1841年）奕山似的给予银两600万，也能解燃眉之急。于是，叶名琛得出结论，额尔金的照会是英国在无计可施之后的"求和"行动。叶名琛还据错误的情报认为，葛罗的这次照会是英国从旁怂恿的结果，不是法国自己的要求，而且在美国的大肆嘲笑后，已感到惭愧。根据以上分析，叶名琛于十月二十九日复照额尔金、葛罗，拒绝了英、法的要求。

十月三十日，英法联军占领广州珠江对岸的河南。十一月初九，10天期限已经到了，英、法专使通知叶名琛，他们已经把事务移交给军事当局。同一天，英、法陆海军司令也照会叶名琛等大吏，限二日内，广州清军退出九十里之外。叶名琛无视这些行动，仍拒绝接受英、法要求。两日过去了，英法联军还没有行动。叶名琛以为英、法不过是恫吓而已，再加上叶名琛好扶乩，此时谶语都是吉祥的预告，使其增强了这种认识。广东著名行商伍崇曜，看到这种情形想要出面向英、法贿赂以求和，托人向叶名琛进言，遭到痛斥。十二日，叶名琛上了一道长达七千言的奏折，声称"英夷现已求和，计日准可通商"，表示要"乘此罪恶贯盈之际，适遇计穷力竭之余"，将英方的历次要求"一律斩断葛藤，以为一劳永逸之计"。咸丰帝接到此奏折，见心中悬虑已久的中英争端，竟能得到如此圆满的解决，总算放下心来。谕令中称："叶名琛既窥破底蕴，该夷伎俩已穷，俟续有照会，大局即可粗定。"他指示叶名琛，"务将进城、赔货及更换条约各节，斩断葛藤"。

咸丰七年（1857年）十一月十三日，即叶名琛上奏的次日，英法联军以战舰20余艘、地面部队5700余人向广州发起进攻。炮弹落到总督衙署，兵士们又一次一哄而逃，而叶名琛仍然独自在府内寻拾文件，声称"只有此一阵，过去便无事"。十四日，英法联军攻入城内，广州城陷，叶名琛等大吏仍居城中，并不逃跑躲避。广东巡抚柏贵请行商伍崇曜等人出面与英法议和，伍崇曜进见叶名琛，叶仍然坚持不许英国人入城会见。二十日，他还再次重复过几天就没事了，各士绅说和就可以了，万万不可允许英法入城之类的昏话。二十一日，英法联军搜寻广州各衙署，捕走叶名琛，送上英舰。他仍保持钦差大臣的威仪，准备与英法专使谈判，然而额尔金、葛罗根本不见他。第二年，他被送往印度，仍以"海上苏武"自居，囚死异域。叶名琛的所作所为，当时人们曾讥讽为："不战不和不守，不死不降不走，相臣度量，疆臣抱负，古之所无，今亦罕有。"

《天津条约》的签订

咸丰八年（1858年）正月，英、法、美三国驻上海领事向清政府递交照会，并重申他们修约的要求，要求清政府派钦差大臣前往上海谈判。二月，英、法、美、俄四国使节到达上海，当他们得知清政府拒绝在上海谈判，并命令他们回广东谈判的消息后，决定北上，直接与清廷交涉。三月初，四国使节先后到达天津海河口外。三月十一日，四国使节要求清廷六日内派大员前往大沽谈判，否则将会采取必要手段。

咸丰帝此时极不愿开战，认为"现在中原未靖，又行海运，一经骚动，诸多掣肘，不得不思柔远之方，为羁縻之计"。他派直隶总督谭廷襄出面与各国谈判，并命令他尽量瓦解四国的联合，对俄表示和好，对美设法羁縻，对法进行劝导，对英严词诘问，先孤立英国，然后由俄、美出面说和。谭廷襄奉旨行事，结果处处失败。英、法两国专使或者以照会格式不对的名义，拒绝接受，或者因为谭廷襄没有"钦差全权"的头衔，不同他会晤。谭廷襄所能打交道的，只有以"伪善"面目出现的美、俄公使。6天过去了，期限也到了，由于额尔金与英海军司令西马糜各厘的矛盾，英军兵力尚未集结，尤其是能在海河内行驶的浅水炮艇不足，因此英法联军推迟了进攻。

此后的交涉中，咸丰帝对四国的要求一概拒绝，只同意可酌减关税，但又不准谭廷襄同四国决裂开战。这一决策难倒了承办官员。由于英、法专使始终拒绝会晤，谭廷襄等人只能求俄、美从中说合，而俄、美又提出了谭廷襄不敢答应、咸丰帝也不会答应的要求。谭在交涉中看出俄、美与英、法沆瀣一气，认为俄、美"外托恭顺之名，内挟要求之术"，假借说合之名，"非真能抑其强而为我说合"。于是，在此一筹莫展之际，他提出全国规模的"制敌之策"：上海、宁波、福州、厦门等通商口岸，定期闭关，停止贸易；两广总督尽快想法收复广州，使英、法等国受到威慑，有所顾忌；然后由他出面"开导"，使各国适可而止，及时撤兵。咸丰帝则认为，"此时海运在途，激之生变"，黄宗汉还没有到任，柏贵已被挟制，"若虚张声势"克复广州，被英法等国"窥破"，只能使形势更加恶劣。因此，他仍让谭廷襄对四国的要求进行驳斥，并布置了驳斥的理由。而对于谭廷襄自以为大沽军备完整、不惜一战的思想，咸丰则警告说："切不可因兵勇足恃，先启兵端。"这样，退兵的办法，仅剩下谭廷襄的两张嘴皮子。但英、法专使又不见谭廷襄，谭廷襄即便浑身是嘴也无处说去。

四月初六，英、法专使及其海陆军司令商量后，决定以武力攻占大沽，前往天津。初八，英、法专使要求，其可以在海河内行驶船只，限清军二小时内交出大沽。大沽位于海河出海口，是京、津的门户，战略地位极为重要。该处设有炮台4座。英法联军占领广州后，咸丰帝听说英、法等国即将北上，遂下令加强该处的防守，派去援军6000余人。此时大沽一带共有清军约万名，其中3000余名驻守炮台，其余驻扎在炮台后路各村镇，作为增援部队。当英、法的无理要求被拒绝后，英法联军遂以炮艇12艘，登陆部队约1200人进攻大沽南北炮台。经过两个多小时的激战，守军不敌而败，驻守炮台后路的清军更是闻炮即逃。十四日，英法联军未遇抵抗，占领天津。十八日，四国使节要求清政府派出"全权便宜行事"大臣，前往天津谈判，否则将进军北京。

大沽炮台的失陷，极大地震动了清王朝。上一次战争因为已是很久之前之事，他们也只剩下一些模糊的记忆，未想到精心设防号称北方海口最强大的大沽，竟会如此轻易地落于敌手。战前对防卫颇具自信的谭廷襄，言词大变，称"统观事务，细察夷情，有不能战，不易守，而不得不抚者"，要求咸丰帝议和。大沽、天津不同于广州，距北京近在百里，感到皇位基座微微颤摇的咸丰帝，于二十日派出大学士桂良、吏部尚书花沙纳为"便宜行事"大臣，前往天津，与各国谈判。第二天，他又根据惠亲王等人的保奏，起用曾在登基之初被降为五品员外郎的耆英，以侍郎衔赴天津办理交涉。他想利用耆英当年与英国等国的交情，在谈判中得到点便宜。

二十一日，桂良、花沙纳到达天津，先后会晤四国使节。英、法、美态度强硬，俄国使节却声称若同意应允俄国的条件，他们可以替清廷向英、法说合。对于被咸丰帝寄予厚望的耆英，英、法专使却拒绝会晤，只派出两名译员接见。自从英法联军攻陷广州之后，劫掠了两广总督衙署的档案，对耆英当年阳为柔顺、实欲钳制的底细，了解得一清二楚。耆英与英、法代表会面时，英国译员手里拿着档案，对着耆英讥笑怒骂，大肆凌辱。耆英此时已年近七旬，政坛上被冷落了8年，本来对于这次复出喜出望外，自以为凭自己当年与英、法等国的老交情，必定能有所收获，自己也可以东山再起。可没想到受到这等羞辱，不堪忍受，两天后便从天津返回北京。桂良、花沙纳没有兵权，面对英、法的嚣张气焰，只能忍气吞声，开展"磨难"功夫。他们多次请求态度相对温顺的俄、美出面说和。俄、美乘机借调停之名而最先获利。五月初三《中俄天津条约》签订。初八《中美天津条约》签订。

清政府与俄、美签订条约之后，原以为俄、美"受恩深重"，理应知恩图报，帮助清政府说和。但是俄、美只是表面上敷衍清政府，实际上却希望英、法勒索得越多越好，那么他们就可以凭借最惠国条款"均沾"利益。十二日，英方发出照会，声称如果清廷仍不做出决定，英军就要进军北京。十五日，英方提交和约草案五十六款，"非特无可商量，即一定字亦不容更易"。咸丰皇帝听到这个消息，准备再次开战，而桂良等人知道开战必败，于是在五月十六日，与英方签订了《中英天津条约》，又在第二天与法方签订了《中法天津条约》。条约签订之后，桂良才上奏咸丰帝，极力陈述不可再次开战的原因，"只好姑为应允，催其速退兵船，以安人心，以全大局"。炮口下的谈判，结果肯定是这样的。咸丰帝非常恼火，只能把气撒在替罪羊身上。十九日，他命令耆英自尽，罪名是"擅自回京"。

条约签订之后，侵略者要求照《中英南京条约》的例子，由皇帝朱批"依议"后才肯撤兵。二十三日，咸丰帝批准中英、中法《天津条约》。二十八日，英法联军撤离天津，到六月初七，退到大沽口外。

可惜了那园子

咸丰十年（1860年）十月十八日夜里，一向静谧的北京西郊却颇不平静。圆明园一带火光冲天，烈焰飞腾。在火光的照耀下，影影绰绰看到无数太监宫女东奔西走，试图躲避灾祸。然而他们的努力却是徒劳的，千余名英法联军的士兵一边四处纵火，一边将侥幸逃脱的太监宫女推到熊熊燃烧的火焰中。大火足足燃烧了两天两夜。当笼罩在圆明园上空的滚滚浓烟逐渐散去，只剩下余火在废墟上"毕毕剥剥"地发出微响，住在附近的老百姓才敢悄悄从家中出来一探究竟。他们惊讶地发现，昔日戒备森严的皇家禁地，已经是墙倒屋塌，宛如人间地狱一般。

火烧圆明园，这在中国乃至世界历史上永远都是耻辱的一笔。

圆明园所在的海淀一带，是个水泊密布、草木繁盛的地方。元明时期，已经有人在此修建园林寺庙，此地被称为"丹菱沜"。到清代康熙年间，康熙帝在此修建了畅春园，并将周围一些旧有园林加以修葺，分封给诸皇子。分封到皇四子胤禛名下的是一片称为"镂月开云"的园林，由于胤禛笃信佛教，自号"圆明居士"，因此将这片园林改名为"圆明园"。雍正即位之后,圆明园也随之扩建为皇家园林,从雍正三年(1725年)起逐年都有修葺。

圆明园的全面扩建是在乾隆时期。乾隆对圆明园喜爱有加。由于乾隆曾经先后六下江南,对当地园林建筑留下深刻印象,因此他意欲将江南风光全面移植到圆明园中。他一方面委托外国传教士郎世宁、蒋友仁等人制图设计,一方面又召集能工巧匠进京施工,并亲自主持扩建工程。整个工程历时30余年,到乾隆三十五年(1770年)方才全面告一段落。由于外国传教士的参与和中国工匠的巧夺天工,圆明园可以说博采众长,运用了古今各种造园技巧,融汇了中外各种园林风格。当时的外国传教士参观圆明园后将其称为"万园之园"。

嘉庆年间,对圆明园又进行了一定程度上的扩建,将其附近的长春、绮春两处附属园林并入其中,三处园林以圆明园为主,其余二处为辅,各自独立而又相互连通,形成了园中有园的别致景观,因此又统称为"圆明三园"。经过清王朝几代皇帝先后长达150余年,耗去白银两亿两之巨的苦心经营,到咸丰年间,圆明园已经是一片规模宏大、空前绝后的园林建筑。

由于圆明园内建筑众多,造型各异,因此景观也极其丰富。圆明园四十景据说是由乾隆皇帝钦定的,并亲自赋诗,最后由画师绘画,御笔题咏。

园中究竟是怎样的惊世奢华?从法国大作家雨果的描述中可以看出:"你可以去想象一个你无法用语言描绘的、仙境般的建筑,那就是圆明园。这梦幻奇景是用大理石、汉白玉、青铜和瓷器建成,用雪松木作梁,以宝石点缀,用丝绸覆盖;祭台、闺房、城堡分布其中，诸神众鬼就位于内；彩釉熠熠，金碧生辉；在颇具诗人气质的能工巧匠创造出天方夜谭般的仙境之后，再加上花园、水池及水雾弥漫的喷泉、悠闲信步的天鹅和孔雀。一言以蔽之：这是一个以宫殿、庙宇形式表现出来的充满着人类神奇幻想的、夺目耀眼的宝洞。这就是圆明园。"

然而，就是这么一座美轮美奂的皇家园林，却在第二次鸦片战争中遭到了残酷的蹂躏。

咸丰十年（1860年）九月，再次来袭的英法联军已经逼近了北京城。迫不得已的咸丰帝只得派出怡亲王载垣等人赴八里桥与联军代表谈判。在八里桥谈判之际，清廷居然自作聪明地将联军代表一行39人扣押并监禁起来，企图以此要挟英法联军退兵。

清政府在大敌当头之际，不去考虑如何组织兵力作战，反而想出此等下下之策，殊不知此等做法不仅无助于联军退兵，反而给予对方继续进攻的口实。

果然，见到谈判失败，巴夏礼等人又被清廷扣押，英法联军决定继续进兵。在遭遇了几次毫无威胁的抵抗后，英法联军于十月初兵临北京城下。

此时的咸丰帝已逃往热河行宫，留在北京城负责善后的是恭亲王奕䜣。由于联军由东面而来，奕䜣重兵布防于东城一带，企图抵挡。然而，这一军事情报却被俄国公使伊戈那提耶夫获取，他建议英法联军避实击虚，绕行攻击西北城郊。联军依计而行，于十月六日直扑圆明园而来。

此时的清廷防守北京城犹嫌自顾不暇，根本没有余力顾及圆明园，因此圆明园几乎是不设防状态。面对着汹涌如潮水袭来的英法联军,只有20余名圆明园技勇太监进行了微弱而坚决的抵抗,然而很快就以身殉国了。

联军一拥而入,攻占了圆明园,管园大臣文丰涕泗横流,投福海而死。进入圆明园的联军被园中的富丽堂皇惊呆了。由于担心可能会对接下来与中方的交涉造成不利的影响,他们一开始还勉强压抑着心中的贪欲,命令士兵不得抢劫财物;然而很快他们就控制不住在战争中业已混乱的本性。第二天,英法联军的上层军官便开会讨论如何分配园中的财产,并很快动手实行。可是,计划中的搬运很快就变成了毫无章法的抢劫,冲昏了头脑的士兵纷纷成群结伙地开始抢掠财物和艺术品,后来军官也参与其中。

然而,更糟糕的事情还在后面:在抢劫的过程中,联军士兵发现之前被清廷扣押的39名联军人质,已经有26人死去。已经抢劫抢到头脑充血的联军勃然大怒,英军指挥官额尔金伯爵决心给予清政府以无法挽回的损失作为报复。于是,在十月十六日,本已抢劫得心满意足的英军又返回圆明园,肆意纵火,将圆明园化作一片灰烬。

圆明园的大火击倒了清廷,恭亲王奕䜣被迫答应了英法联军的所有要求,签订了《北京条约》,而咸丰也因受打击过大,于第二年驾崩了。

第四章
清末"女皇"慈禧

慈禧,一个中国近代史上永远也不可能避开的名字。从热河开始,这个女人统治了中国整整半个世纪之久。在她的治下,列强得寸进尺,人民苦不堪言。本已经日薄西山的大清帝国,一步步走向灭亡。

贵人的那点心计

咸丰二年（1852年）的大清帝国并不平静，太平天国连战连捷，一路北上，从西南到华南都笼罩在战火硝烟中。然而，大敌当前的形势并不能让登基伊始的咸丰帝将注意力转移到军国大事上来，这一年适逢三年一遇的选秀女入宫，他还在兴致勃勃地挑选着美女。

清代制度，所有八旗女子，都有入宫侍奉皇族的义务，但并不是所有女子都有资格入宫。为了遴选符合条件的女子，清朝入关之后，制定了"选秀女"的制度。选秀女分为两种：第一种主要是为皇族挑选妻妾，因此比较正式，每三年一次，由户部负责，只有现任一定品级以上官职的八旗人家才有资格将女儿送入皇宫参加遴选。参选女子还必须身家清白，体貌端正。中选女子除了有可能被皇帝看中成为妃嫔甚至皇后之外，至少也有成为皇室直系子孙正室的机会。另一种选秀则主要是为皇宫及各王府挑选宫女，因此规格就低得多，由内务府在内务府三旗的包衣人家中挑选，中选女子由于出身较低，最多能够成为皇室子孙的侧室。

为了保证秀女的质量，清廷还制定了一系列辅助措施，如只有13—17岁并且符合条件的女子才能参加选秀女，落选者只有过了年龄才可以自行婚嫁，等等。

在这一年的选秀中，有一名姿容艳丽、皮肤白皙、声音婉转动听的17岁少女引起了负责选秀的官员和咸丰帝的注意，这名女子是安徽宁池太广道道台惠征之女。咸丰将其留在宫中，并封为"兰贵人"。没有任何人能想到，这名看似柔弱的少女，竟然在10年之后掌握了大清朝的实际权力，并且长达47年，她就是后来的慈禧皇太后。

正史中并没有记载兰贵人的名字，很多野史将她的名字写作"兰儿"或者"玉兰"，但事实似乎并非如此。根据慈禧娘家后人的回忆，兰贵人入宫前的名字叫作"杏贞"，在家中大家都管她叫"杏儿"。

兰贵人姓叶赫那拉。曾祖父吉朗阿是嘉庆年间的刑部员外郎，祖父景瑞则是道光年间的山东司员外郎，而外祖父惠显则是满族八大姓之一的佟佳氏族人，道光年间先后做过安徽臬台、驻藏大臣、京营卫翼总兵。

道光十五年（1835年），杏贞出生。不过，杏贞的童年过得并不开心。道光二十三年（1843年），已死的吉朗阿被牵涉到户部库银亏空案中，景瑞被勒令补清吉朗阿欠下的两万一千六百两库银。这笔数目在当时不啻为一个天文数字，倾其所有也无法还清库银的景瑞因此被革职下狱。惠征的仕途虽未受牵连，但全家的经济情况却变得极为糟糕。

道光二十九年（1849年），在惠显的帮忙下，景瑞被释放，并以原官致休，惠征也被外放道台，先后在山西和安徽任职。到咸丰二年，已经17岁的杏贞参加了户部主持的选秀，并被选入宫中。杏贞入宫以前的情况，其实并没有留下多少记载，甚至她的出生地，迄今尚无定论。由于她日后在中国历史上留下了难以磨灭又无法替代的影响，故而产生了很多说法。

当然最有可能的一种情况就是杏贞出生在北京。清朝在选秀女时，会记录候选人的名字籍贯等个人信息，称为排单。根据杏贞妹妹（后来成为醇亲王奕譞福晋）入宫时的排单来看，她家住在北京西单牌楼北劈柴胡同（现名辟才胡同）。然而，由于杏贞的排单还没有被发现，因此这并不能作为她的出生地的确凿证据。相反，根据一些清人笔记记载，杏贞的娘家是在北京城东的方家园。《翁同龢日记》便持此说。

不过，由于惠征曾经在外地任职，因此杏贞是否出生于北京亦难下一结论。在浙江乍浦地区，就广泛流传着慈禧太后出生于此地的说法。据当地人说，惠征曾经于道光十五年至十八年（1835—1838年）在乍浦担任正六品武官骁骑校尉，并且生下了杏贞。不过这一说法显然经不起清宫档案的对证。根据吏部考核京官的记载，惠征此时还在吏部担任八品笔帖式，并没有外放武官的记录。

被封为兰贵人的杏贞，一开始并没有获得咸丰帝的宠幸。此时咸丰帝的心都在同时入宫的丽贵人他他拉氏身上，兰贵人被安排在圆明园的"桐荫深处"居住，很少能够见到咸丰。然而，仅仅过了两年，情况就发生了变化。咸丰四年（1854年）二月，兰贵人被封为懿嫔，并于十一月举行了册封典礼，她正式成为皇帝的嫔妃，拥有了一定的权力。相比之下，丽贵人和婉贵人虽然也在同年升为嫔，但二人的册封却事出有因：丽贵人是因为为咸丰皇帝产下一女，而婉贵人的父亲则是御史，并且二人的册封典礼举行时间也晚于兰贵人。由此看来，在错综复杂、钩心斗角的后宫斗争中，懿嫔成功地占据了咸丰皇帝的心。

至于兰贵人是怎样在众多佳丽之中脱颖而出，成功从丽贵人身边分得一杯羹的，民间也流传着多种多样的说法：

兰贵人由于无法接近皇帝曾经颇费思量，后来她用重金收买了咸丰帝身旁的太监，把咸丰皇帝的爱好摸得一清二楚，于是想出了一条妙计。有一天，她从太监处得知咸丰恰巧要经过"桐荫深处"出宫，她便着意梳妆打扮，早早在此等候。待咸丰的身影远远地出现时，她便曼声唱起了小时候学会的江南小曲儿。兰贵人声音本就悦耳，再加上小曲儿又甚为动听，居然有余音袅袅、绕梁三日的感觉。缓缓走近"桐荫深处"的咸丰自然听到了这断断续续传来的歌声，不禁驻足侧耳凝听，听了一阵，不禁大起兴趣，便临时起意，决定巡幸此处，于是，便见到了早有准备、打扮得花枝招展的兰贵人。咸丰一见，大为高兴，赐予兰贵人"天地一家春"的称号。兰贵人更加曲意奉承，于是从此便圣眷不衰，深得咸丰宠爱。

这个说法虽然颇不靠谱，但却充分显示了兰贵人的聪明才智。

牝鸡司晨

中国古语有云"母以子贵",特别是在皇宫内院,为皇帝生育子女,保证龙脉的延续,是皇帝最为关心的事情。这件事儿对于咸丰而言,意义更为重大。因为直到24岁时,咸丰膝下尚无子女。那一年,丽贵人的怀孕曾经让咸丰激动不已,立刻将丽贵人进位为丽嫔,可惜丽嫔只生下了一个女孩儿。

兰贵人在进位为懿嫔之后,自然希望给咸丰帝生一个儿子,让自己更进一步。懿嫔于咸丰五年(1855年)六月被确诊怀孕。咸丰六年(1856年)三月,懿嫔分娩,产下咸丰皇帝的长子,就是后来的同治皇帝——载淳。

兴奋不已的咸丰帝非常疼爱这个孩子,将他的出生看作对大清帝国列祖列宗最好的告慰,御笔亲书写下了这样的诗句:"庶慰在天六年望,更钦率土万斯人。"咸丰给予了懿嫔以足够的奖赏和荣宠,不仅赏赐懿嫔的娘家人房屋宅院,还立刻将懿嫔进位为妃,第二年又晋升为懿贵妃。此时的后宫,除了高高在上的皇后钮祜禄氏,懿贵妃已经将与她同时入宫的秀女远远地甩在身后,没有人能够挑战她的权威了。

已经成为懿贵妃的杏贞并不满足于这样的地位,她还梦想着有一天被封为皇后。为此,她需要比别的嫔妃更加熟悉咸丰的好恶,在不动声色中迎合咸丰。与宫中其他嫔妃相比,懿贵妃有一个独一无二的长处,那就是她读书较多,特别是能够读写汉文。与大多数嫔妃闲来无事不同,懿贵妃始终保持着学习的热情。据清人笔记记载,早在她初入宫闱,还是兰贵人的时候,就曾经不惮暑热,用功读书,从而吸引了咸丰帝的注意。此外,她为了消遣,还学习过一段时间的书法绘画,无论是花鸟鱼虫,还是颜柳欧赵,都能略通一二。

懿贵妃在这方面的特长引起了咸丰帝的兴趣——这倒不是说咸丰帝像宋徽宗一样是个能书善画的风雅之君,而是他发现有一定文化的懿贵妃可以帮助生性疏懒的他处理政务。前面已经说过,咸丰才学平平,并不是一个有为之君。他登上皇位时,大清帝国正在内忧外患中风雨飘摇,这要求他不得不把更多的精力放在处理政务之上,每天都需要批阅大量的奏章和密折。时间一长,咸丰帝受不了了。这个时候,他想起了懿贵妃。既然懿贵妃能书会画,又看得懂汉文,那自然可以帮助自己批复奏折。

最初的时候,咸丰只是拿出一些请安折子、事务报告等不甚重要或者例行公事的折本,让懿贵妃按惯例批复"知道了""转各部知道"等。这样一来,咸丰的处事效率果然提高了不少。尝到了甜头的咸丰进而变本加厉,逐渐开始拿一些军机处送来的重要折子,甚至是机密折子给懿贵妃批阅。这些奏折本应由咸丰亲自批复,但他懒得动笔,只是自己看一遍,再口拟谕旨,由懿贵妃誊写清楚。

按照清朝祖训,后妃与宦官不得干政。为了彻底落实这一禁令,康熙时期还将其制成铁牌竖立在宫门外,以儆效尤。应该说,懿贵妃的举动,早已是赤裸裸的干政之举。可是,在咸丰看来,这并没有什么不妥之处。懿贵妃只是作为一名誊写员,帮助他减轻负担,而军国大事最后的决策权还是在他的手里,只要他心中有数,调度有方,就不会出现后宫干政、牝鸡司晨的状况。

对于懿贵妃来讲,情况却有所不同,原本她只是个深居宫中的妇道人家,虽然粗通文墨,却对政务军务一无所知。通过批复奏折文书,又有咸丰的讲解和示范,她"时时披览各省章奏,通晓大事",逐渐明白了一些为君之道。

也许,一开始她只是以此来表示对咸丰的关心,利用其自身得天独厚的条件为丈夫分忧解难,从而巩固在宫中的地位。但是,尝过了"一朝权在手,便把令来行"的滋味以后,她的野心逐渐膨胀起来。天长日久,连咸丰都没有发觉,懿贵妃早已非当日吴下阿蒙,渐渐从一个弱女子变成了对权力怀有热切渴望的野心家。

到咸丰朝后期,懿贵妃已经成为咸丰须臾也离不得的人。此时已经不是因为懿贵妃的美貌或是才艺,而是她已经能够时时为咸丰出谋划策,分担他对政务的忧愁和苦恼。在太平天国步步紧逼,清廷一筹莫展之时,她曾经劝说咸丰帝在此非常时刻应抛开满汉分际,重用曾国藩、胡林翼等一班汉臣,赋予他们更大的权力。咸丰帝听从了她的建议,日后这一班人不负咸丰的期待,在覆灭太平天国的战争中发挥了决定性的作用。

在第二次鸦片战争的紧要关口,她的冷静与魄力都表现得淋漓尽致。

根据清人的记载,当英法联军连战连捷,攻占天津时,咸丰帝正在圆明园内与一众妃嫔饮酒作乐。闻听这个噩耗,咸丰竟然手足无措,当着妃嫔的面痛哭流涕,丑态百出。见到皇帝如此,几乎所有的妃嫔也顿时哭作一团,一时后宫内哭声震天,乌烟瘴气。只有懿贵妃面色如常,款款走近咸丰皇帝,冷静地建议咸丰皇帝:事已至此,痛哭又有何用?当今之策,应该速想应对之策才是。恭亲王奕䜣聪明决断,又熟悉外情,陛下可以宣他进殿讨论该如何是好。

之后,当咸丰在肃顺的怂恿下决定"北狩"逃离北京的时候,她又公开提出反对意见。她认为,如果咸丰在京,众位大臣就有主心骨,办事会更加尽心尽力,而洋人也不敢肆意妄为;如果落荒而逃,不仅对士气是个严重的打击,更会让洋人乃至天下老百姓对朝廷生出轻视之心,后患无穷。

不能不说,在此生死攸关的时刻,懿贵妃的沉着机智都让她做出了在事后看来是正确的选择。饶是如此,懿贵妃的举动也已经让朝中重臣颇为不满,以肃顺、载垣、端华为首的守旧派大臣,绝对不能容忍朝堂之上出现和自己意见相左的声音,更何况这声音还是一个年轻女人所发出的。大臣们的戒惧也引起了咸丰的警惕,在他生命的最后时刻,似乎也意识到了如果没有自己的压制和管束,将来靠着儿子登上皇太后之位的懿贵妃将会一发而不可收,于是他把压制懿贵妃的重担交给了皇后。

根据野史记载,咸丰在病危时,曾有密诏授予皇后,告诉皇后如果懿贵妃后来肆意妄为,横行不法,可以出示此诏,以祖宗家法治之。咸丰帝的担心不是没有道理,可惜他却选错了对象——自幼生长在富贵之家、两耳不闻窗外事的皇后怎么会是野心勃勃的懿贵妃的对手？咸丰一驾崩，毫无宫廷斗争经验的皇后就把这封遗诏拿给懿贵妃过目。虽然这使得懿贵妃暂时安静了一段时间，但她也因此对咸丰乃至皇后生出的恨意，最终让皇后付出了代价。

咸丰十一年（1861年）七月，咸丰在热河驾崩，皇后顺理成章晋升为慈安皇太后，而懿贵妃则因为儿子载淳即位，凭借皇帝生母的身份晋升为慈禧皇太后。这一年，她27岁。大清帝国的权力，马上就要掌握在她的手中。

女人来要权

咸丰十一年（1861年）九月三十日，北京城中弥漫着一股悲伤而忙乱的气氛。此时距咸丰皇帝驾崩刚刚两个多月，正处于国丧期间，酒肆茶楼大门紧锁，商铺的招牌也都取了下来。经过洋人烧杀抢掠后还没有完全复原的长安街上，到处高搭灵棚，立悬挽幛，在肃肃的秋风中显得格外萧瑟。然而此时，从紫禁城的方向却冲来一队人马，向着朝阳门方向一路飞奔而去，转眼就不见了踪影。只见这帮人个个弓上弦刀出鞘，威风凛凛杀气腾腾。

这支马队出了朝阳门，一路向密云方向而去。到达密云驿馆已是定更时分。带队之人把手一举，恶狠狠地说道："派50个人把驿馆给我围起来，一个也不许走了。剩下的，跟我进去捉拿奸贼！"说完下马，"咚咚"几脚，将驿馆的大门踹开，后面兵丁一拥而上，早把驿馆围得个风雨不透。

驿馆外面的人喊马嘶早把里面的人惊醒了，纷纷起身查看动静。正堂房门一开，闪出一员身穿便服的中年汉子，此人身材魁梧，面目刚毅，正是御前大臣、内务府大臣、户部尚书协办大学士、署领侍卫内大臣肃顺。此次护送大行皇帝梓宫还京的正是他。

肃顺一脚踏出门来,劈头正撞上闯进驿馆的来人。他正要厉声斥责,定睛一看,却顿时大惊失色,原来来人非别,乃是大行皇帝的弟弟——醇郡王奕谩。奕谩一见是肃顺,咬着牙蹦出两个字:"拿下!"顿时兵丁如鹰拿燕雀一般,将兀自愣着的肃顺一脚踢翻,倒剪双臂捆了个结结实实。这时奕谩才面无表情地说道:"肃顺接旨。"说完展开圣旨,念了起来:"户部尚书、赞襄大臣肃顺飞扬跋扈,弄权误国,有篡位之心,著革去一切职务,逮捕入京,送交刑部严议,钦此!"

奕谩刚一念完,肃顺便大嚷起来:"奸王!你勾结内宫,有负大行皇帝恩德……"言还未毕,早有兵丁上来,"啪啪"两个嘴巴,又塞了个麻核在他嘴里。奕谩长出一口气,向左右交代:"我留在此地,明日奉送大行皇帝梓宫回京,你们把肃顺连夜押回北京,一路上严加看管,不得有误!"左右答应一声,将肃顺拉出了驿馆。

肃顺是宗室子弟,他的父亲是郑亲王乌尔恭阿,祖上乃是赫赫有名的"铁帽子王"济尔哈朗,但肃顺只是汉族小妾所出的庶子,因此这顶铁帽子无论如何也落不到他的头上。虽然如此,肃顺却不甘心只做个闲散宗室子弟,成日养狗遛鸟终此一生。肃顺虽然读书有限,却很有能力,又善于笼络人心,因此颇受推崇。咸丰即位,内忧外患频仍,对国事一筹莫展的咸丰正愁无人可用,见到宗室子弟中居然有此等人才,自然大喜过望,着意提拔,几年之内肃顺就从一个散秩大臣升到了户部尚书。

然而,肃顺在对待西方列强的态度上却表现出极其顽固的态度,这一点也使他和朝中不少重臣产生了矛盾。咸丰十年(1860

年），英法联军进犯大沽口，咸丰帝慌作一团，不知如何是好，此时朝中大臣的意见产生分歧。以恭亲王奕䜣为首的文祥、桂良等人，主张与洋人议和；而肃顺等人却坚持与洋人开战。咸丰本与奕䜣不甚相得，又宠信肃顺，自然听从后者之言。不料清军连战连败，肃顺所献扣押巴夏礼使英军退兵的计策也弄巧成拙。眼看英法联军兵临城下，大臣们又吵开了，奕䜣等人请求咸丰留在北京城亲自主持与洋人议和，而肃顺则力劝咸丰离开北京这个是非之地，逃往热河行宫。

咸丰是个死要面子活受罪的主儿，总是觉得接见"外夷"有失身份，因此自然唯肃顺之言是听。他带着妃嫔宫女，和亲信大臣一股脑地落荒而逃，把北京留给了恭亲王奕䜣等一干主和派大臣，负责善后事宜。奕䜣在北京与洋人折冲樽俎，累得要死要活；咸丰倒在热河专心饮酒享乐。谁料天有不测风云。咸丰十一年（1861年）七月十一日，咸丰在热河一病不起，留下了5岁的幼子载淳和两位皇后，撒手西去。

也许是回光返照，临死之前的咸丰，脑筋居然开窍了许多。他深知自己不在北京，又留下孀妻弱子，必然会造成政局的动荡。为了顺利扶保载淳成人，咸丰一方面将怡亲王载垣、郑亲王端华、协办大学士户部尚书肃顺、御前大臣景寿，及军机大臣穆荫、匡源、杜翰、焦祐瀛等八人封为参赞政务王大臣——也就是所谓的"顾命大臣"；另一方面赐予皇后钮祜禄氏一颗"御赏"图章，赐予懿贵妃一颗"同道堂"图章，要求新君的所有诏书都由八大臣拟定，但要加盖两颗图章才能生效。这样，在内宫与外廷之间达成了一种制约关系。

咸丰的设想虽然看似周到，但却存在着一个致命的失误。

咸丰"北狩"时被留在北京的大臣中不乏朝廷重臣，以及一大批才学卓异之士、实心任事之材。例如军机大臣文祥、直隶总督桂良，此外还有宝鋆、翁心存、祁寯藻、彭蕴章、贾桢等人。这些人的共同之处，在于对洋人的态度比较客观，主张议和，然而正是如此，遭到了肃顺等人的排挤和咸丰帝的弃用。共同的政治取向使他们逐渐成为一个比较有影响的政治集团。不仅如此，这个集团中还包括了恭亲王奕䜣。

奕䜣有真才实学，思想也比较开明，但由于受夺位斗争的余波影响，此时并没有任何实际职务，仅是个空有爵位的闲散王爷。和奕䜣境遇相同的，还有五阿哥惇亲王奕誴、七阿哥醇郡王奕譞、八阿哥钟郡王奕詥、九阿哥孚郡王奕譓等人。咸丰平日并未给这些兄弟们安排任何职务，出奔热河之时却把他们留在京城汛地挺身犯险，这自然让他们大为不满。虽然他们没有实权，但皇亲国戚的身份却也不能小视。在这种情况下，以奕䜣为首，留守北京的大臣和诸皇子们逐渐勾搭连环，兼之又处于北京这一政治中心，直接处理许多军国要务，成为了一股绝不逊于顾命八大臣的强大政治势力。而咸丰却完全没有想到这一点。

总之，咸丰的失误，以及他根本想不到的内外矛盾，导致了一场宫廷政变的发生。

斗争从咸丰甫一逝世就开始了。八月初一，闻听噩耗的奕䜣要求到承德奔丧，但是被八大臣拒绝了，他们要求恭亲王留在北京。奕䜣哪肯罢休，又以手足情深为理由屡次申请，八大臣考虑到人之常情，就允许了。

奕䜣到了避暑山庄，先在咸丰灵前一番痛哭。哀悼完了，他就要求见两宫太后，八大臣想以叔嫂见面不便为由拒绝，奕䜣就说八大臣可以一块见，这是他的一个策略，他知道八大臣不会与他一起见两宫太后。最后，八大臣没有与他一起见，他独自见了两宫太后，密谈了两个多小时，政变的计划就敲定了。然后，奕䜣又在承德待了两天，遂回北京做具体部署。

九月二十三日，大行皇帝梓宫起驾还朝。两宫太后声称孤儿寡母，一路上多有不便，要求从小道先行赶回北京，肃顺并不放心，派出其余七大臣一路跟随。然而让肃顺始料未及的是，两宫太后特别是慈禧此时的魄力和勇气远非常人能比。这一行人日夜兼程，仅用6天就回到了北京，而此时由于秋雨连绵道路泥泞，梓宫还在路上。这就为政变提供了绝好的机会。

两宫太后回到北京以后，立刻召见奕䜣等人，并以小皇帝之名拟旨，将顾命八大臣全部革职，交部议处。第二天，一面逮捕在京中的载垣、端华等人，一面派醇郡王逮捕尚在途中的肃顺。一场震惊中外的宫廷政变就这样发生了，史称"辛酉之变"。

暗箱操作清末政治

咸丰十一年（1861年）十一月初一，刚刚正式举行登基典礼一个多月的小皇帝同治按惯例要在养心殿接见群臣处理公务。时辰未到，文武百官早已在乾清门外等候了，和往常三三两两聊天嬉笑的轻松气氛不同，这一日群臣都面无表情，不敢随意说话，毕竟刚刚经历了一场惊心动魄的宫廷政变，惊魂未定的群臣还都没有从中回过神来。

然而，当他们进得养心殿来，眼前的情景却让他们更加大吃一惊：只见养心殿东暖阁内正中央的须弥宝座上，端端正正坐着同治小皇帝，不明所以地眨着眼睛望着鱼贯而入的群臣。小皇帝的两边，分别站着两位盛装朝服的年轻王爷，正是恭亲王奕䜣和醇亲王奕譞，二人神情肃穆，不怒自威。与平常最大不同的是，须弥宝座之后，原本空空如也的地方，如今竖着一道明黄色的屏风，影影绰绰可以看到后面有两人端坐的身影。群臣慌不迭下跪叩首，把头低得不能再低。因为他们心中都清楚，坐在小皇帝后面的两人，正是当今皇上的两位母亲，圣母皇太后慈安和生母皇太后慈禧。

也就是从这一天开始，大清国进入了两宫皇太后"垂帘听政"的历史阶段。曾经的兰贵人、懿贵妃，现在的慈禧皇太后，终于如愿以偿地掌握了大清帝国的最高权力。

前文已经说过，咸丰帝病重时，并没有"垂帘听政"的想法，而是指定了"顾命八大臣"辅佐年幼的小皇帝；然而由于咸丰帝想要在外廷和内宫之间保持平衡，因此也授予了两宫皇太后一定的权力。可是，早已热衷于权力的慈禧并不甘于受制于人，于是，在与受到咸丰冷落，被排挤出权力中心的恭亲王奕䜣密谈后，决定发动政变，实行"垂帘听政"的政治体制。

早在朝廷尚未返回北京之时，关于"垂帘听政"的争论就已经爆发。在慈禧的授意之下，御史董元醇就上奏折，恭请两宫太后垂帘听政，并拣选亲王辅佐朝政。然而，大权在握的八大臣却坚决反对这一提议，甚至与两宫皇太后发生了激烈的争吵。史载，八大臣"哓哓置辩，已无人臣礼"，甚至"声震殿陛，天子惊怖，至于涕泣，遗溺后衣"。这一状况坚定了慈禧发动政变的决心，既然谈判不能解决问题，那就只好用暴力手段了。正如前文所叙，两宫皇太后最终获得了胜利。

"垂帘听政"虽由两宫太后共同主持，但由于慈安并无政治野心，因此只是例行公事，徒具形式而已，真正的实权掌握在慈禧手中。虽然早在咸丰时，慈禧就参与奏折的批复，对军国大事有所了解，但真正到自己亲力亲为的时候，未免还是有力不从心之感。好在慈禧颇为注重学习，她请南书房、上书房师傅翁同龢等人，定期进宫讲课，学习古往今来的治国安邦之策，又命人编纂《治平宝鉴》，时时阅读，增长见识。如此刻苦用功，慈禧进步很快，逐渐已经能独立批阅奏章了。

慈禧执政伊始，就亲自接见了曾国藩，随后命曾国藩为两江总督，并统领江苏、浙江、安徽、江西四省军务，四省的巡抚、提镇以下官员全部归他节制。兴奋的曾国藩甚至写信告诉朋友：这真是开国以来没有过的恩宠。在曾国藩的保举下，整个长江流域的高级官员几乎全换成了汉族人。如江忠义为贵州巡抚、毛鸿宾为湖南巡抚、严树森为湖北巡抚、李续宜为安徽巡抚、郑元善为河南巡抚、刘长佑为广西巡抚、李鸿章为江苏巡抚、沈葆桢为江西巡抚、左宗棠为浙江巡抚。

慈禧的用人之道获得了成功，这一班以文人出世，却在战场上立下赫赫战功的大臣，不仅陆续击败了太平天国和捻军，更在东南各地掀起了一股自强求富之风，号称"中兴名臣"。

两次鸦片战争的全面惨败，促使清政府的官僚发生了分化。一部分官僚开始反思曾经的天朝上国和现在的西方列强之间的差距，并认为应该系统地学习西方的先进科学技术，主张"师夷长技以自强"；而另一部分官僚则坚决反对进行任何的改变，认为天朝上国的体制万世不可变更。双方从朝中到地方都发生了激烈的争执。

在这场争论中，慈禧无疑是站在洋务派一边的，这倒不仅仅是因为洋务派在中央的首领是恭亲王奕訢的缘故。慈禧经历了咸丰朝的"衰世"局面，深深地认识到清政府的当务之急是找出解决内忧外患的具体方略。无论是洋务派还是守旧派，其根本出发点并无二致，都是为了挽救风雨飘摇之中的清政府。但相比起守旧派官僚坐而论道，空谈理学，却拿不出任何具体措施，洋务派官僚"中学为体，西学为用"的施政纲领无疑更有可操作性。因此，慈禧太后坚定地站在了洋务派官僚一边，支持了洋务运动的开展。

在洋务派官僚的努力下，东南沿海地区兴建了一批以制造局、招商局、船政局为代表的近代工业，并且在京师兴建同文馆，在上海、广州建立方言馆，还选送派遣了一批幼童赴美留学。这些措施揭开了中国现代化的艰难进程，为中国现代化奠定了基础。

当然，守旧派官僚对洋务派的这些举措进行了强烈的攻击。以倭仁为首的官员连番上折，反对建立同文馆和总理各国事务衙门等机构。慈禧对这些奏折进行了坚决的回击。例如慈禧曾经命倭仁在总理各国事务衙门行走，又叫他保举通晓西洋之事的儒学人才，这些要求无疑是在为难倭仁，最终倭仁只得服软求饶。在慈禧的强硬坚持下，洋务运动最终没有被守旧派的阻挠所破坏，取得了令人瞩目的成就。

不过，慈禧主持下的同治中兴虽然取得了一定的成功，但其局限性也很明显。慈禧终究是封建帝王家的大家长，所有改革措施，都是为了清廷统治的延续和稳定，在这个大前提下，一切改革都可以进行，但如果有某项措施可能威胁到这一前提，她就会毫不犹豫地加以终止。

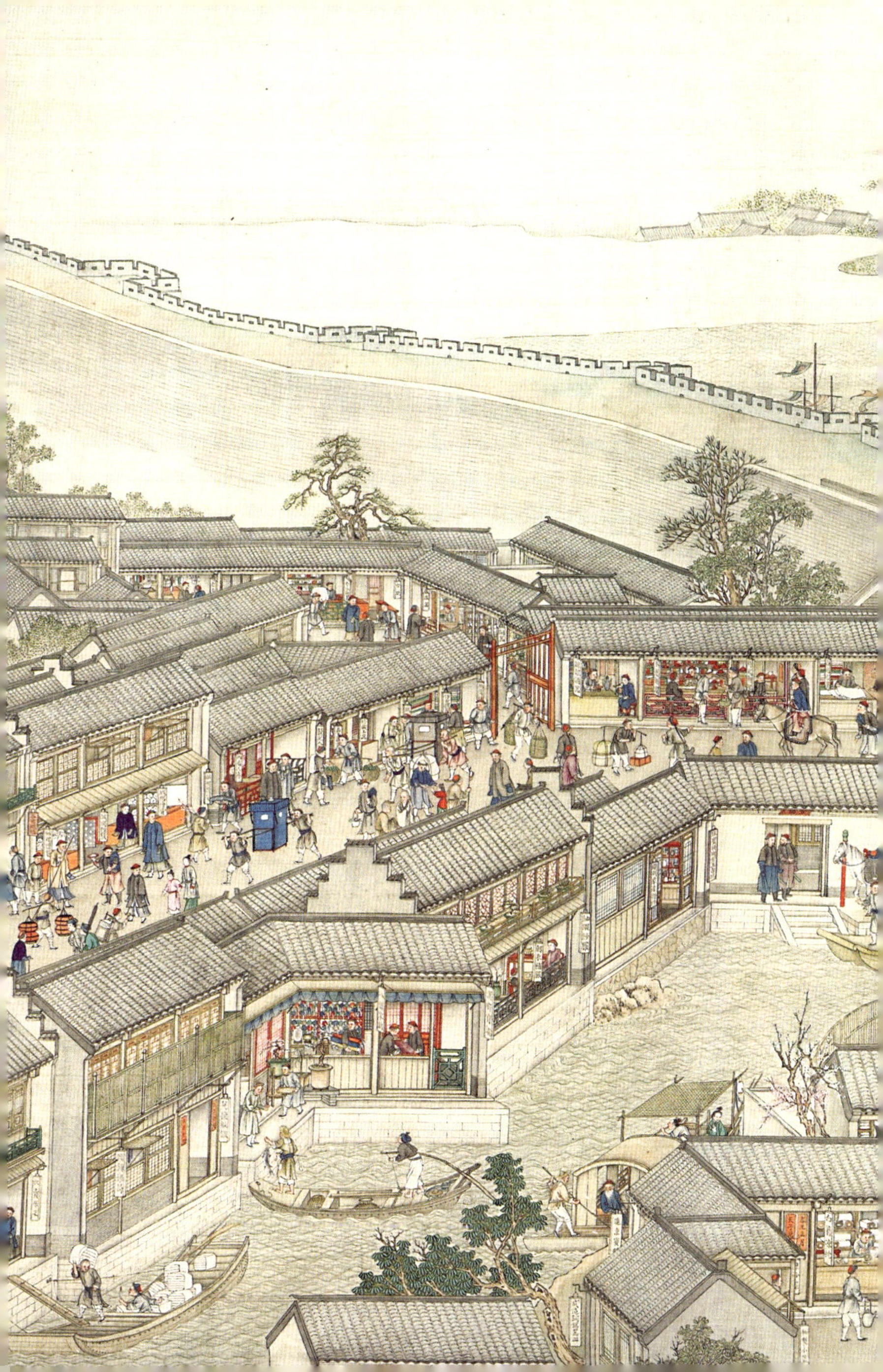

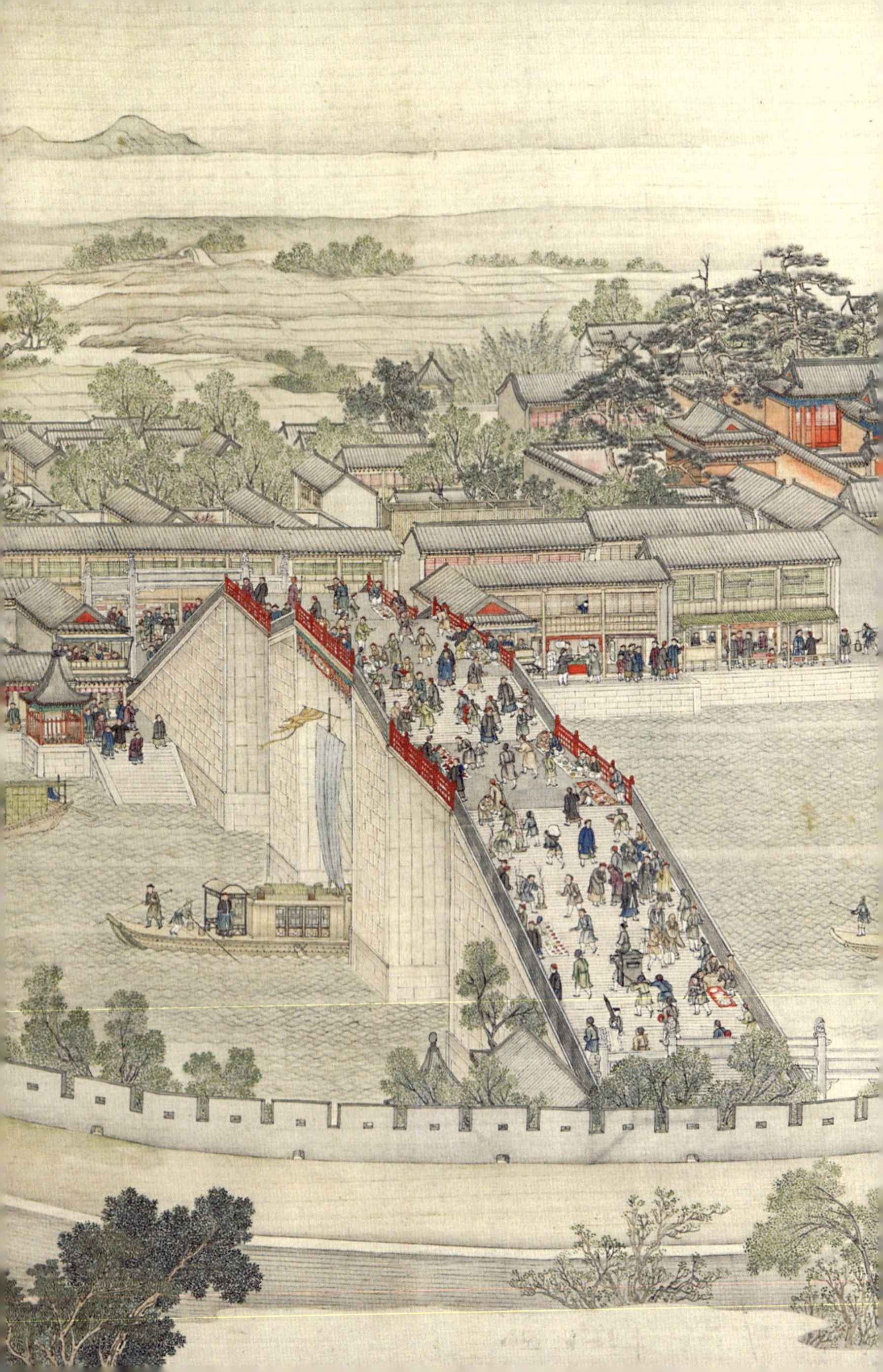

见书头疼，说玩眼放光

咸丰十一年（1861年），咸丰帝在热河驾崩，身后留下一子载淳，年仅5岁。经过一场惊心动魄的宫廷政变，两宫皇太后掌握了实际权力，在恭亲王奕䜣的支持下，搞起了"垂帘听政"。大清国的最高权力，就落在了两个妇人之手。

幼稚无知的同治，懵懵懂懂地被抬上了九五至尊的宝座，接受文武百官的三跪九叩。其实他什么也不懂，所有的军国大事，都由坐在身后的两位母亲说了算，他也只是装装相，每天的主要任务是到弘德殿读书。

清代皇子的教育是极为严格的，可是同治却是个例外。由于他从小就失去了父亲，而两位母亲又整日忙于国事无暇他顾，因此同治自小就和一帮太监宫女厮混在一起，正是所谓入鲍鱼之肆，久而不闻其臭。本来少年心性就贪玩好动，又没有得到严格的管教，同治逐渐养成了懒散不好读书的恶习。

同治的老师不可谓不好，曾经教过他的老师都是朝廷重臣、饱学之士。例如礼部尚书祁寯藻，大学士翁心存，工部尚书倭仁，翰林院编修李鸿均、李鸿藻,咸丰朝状元翁同龢都曾经教过他。无奈同治脾气喜怒无常,"天威难测",这些老师毕竟又都是臣子,并不敢过分要求,也只好睁一只眼,闭一只眼,得过且过。李鸿藻长年担任同治的老师,每天上课的时候不是陪他聊天,给他讲故事,就是下棋而已。而同治的几位伴读奕详、奕询等人都是他的叔叔辈,同治始终对其敬而远之,没法儿起到相互鼓励、彼此切磋的作用,这一伙伴读除了代同治受过,给他当出气筒之外一无所用。后来恭亲王奕䜣的儿子载澂进宫伴读,载澂脑子好使,又能说会道,可是也不好好学习,反而带着同治成天玩耍嬉闹,成了同治的玩伴。同治在课堂上有精神的时候就打闹嬉笑,无所顾忌,没精神的时候就呵欠连连,瞌睡连天。《翁同龢日记》记载了同治十年(1871年)同治帝的学习情况:晨读懒洋洋,只是敷衍了事;作文腹内空空,几乎不能成篇;做诗吭吭巴巴,不忍卒读。完全就是一副老师最不喜欢的差学生模样。过了两年依然如此,连《大学》都背不下来。

如此学问,同治的治国能力可想而知。同治亲政之后,甚至连奏折都看不懂,只得叫苦连天。曾经有一次,同治和翁同龢聊天,其间居然抱怨:"当皇帝的差使太累了!"贵为一国之君,治国平天下本为分内之事,同治居然把皇帝的宝座看成一个差使,自己只不过是在当差。怀着这种做一天和尚撞一天钟的心态当皇帝,也难怪慈禧迟迟不肯把权力交给他。

不仅如此,同治的精神世界也极为抱残守缺。或者是著名的清流派首领倭仁、李鸿藻等人先后担任他的老师,或者是幼年时期被迫随习父母出奔热河的经历给同治帝留下了浓厚的阴影,他虽然年纪不大,但却表现出强烈的排外情绪,有时候甚至强烈得令人生畏。据说当同治帝还是个小孩子的时候，就让太监用泥巴捏成洋人的样子摆在桌案上，他则拿小刀把这些泥人的头一一割下来，一边割一边嘴里还念念有词："杀尽洋鬼子，杀尽洋鬼子。"待同治帝年纪稍大，他的排外情绪愈发高涨了。曾经给同治帝做伴读的兵部右侍郎夏同善有一块怀表，有一次拿出来看时间时，被同治帝看到了，便问他是何物。夏同善不敢隐瞒，便取出怀表呈给同治帝，说此物乃是西洋之物，可以计时。谁料同治闻言大大不悦，一把将怀表摔个稀烂，斥责道："没这玩意儿，你就不知道现在几点了吗？"等他亲政以后，更是对洋务运动不以为然，认为同文馆、方言馆、船炮制造局等都是没用的玩意儿。

同治一见书就头痛，但提到玩乐就两眼放光。同治遇到载澂以后，玩儿的花样更多了。载澂极力怂恿同治出宫冶游，同治被他忽悠得一颗心扑扑乱跳，于是跟着载澂出宫寻欢作乐，从此竟然一发而不可收。

沉迷酒色的同治帝

同治频频出宫，北京城几乎每个角落都留下了他的身影，在清人的笔记中，记载了大量关于同治微服私行的轶事。

同治自幼养尊处优，初接触外面的花花世界，居然如乡下人进城般目迷五色，甚至不知道买东西是要给钱的。饿了就吃，渴了就喝，吃饱喝足，掉头就走，摊贩虽然不满，但见他前呼后拥，如此做派，想来必然大有来头，只得自认倒霉，不敢声张。

不过天长日久，同治自然也有所觉察。有一次他吃饱喝足，看到别人结账，不明所以，便问老板为什么要给钱。老板哭笑不得，说道："我们做生意都是糊口，怎么能不要钱！哪儿像少爷您一看便不是凡人，我们是等着您一总赏下来呢。"

同治一听，也觉得不好意思，便说："我老来你这里吃吃喝喝，大概也欠了你不少了，不过我出门都不带钱，给你写个欠条你看如何？"说完便取纸笔，写了几个大字："饬广储司付来人银五百两。"这老板也不识字，不知道写的是什么，便拿给朋友看。朋友一见骇然，说这广储司是内务府的银库啊，敢让你去广储司领银子的，只有当今圣上啦。

老板一听顿时吓得半死,说什么也不敢去,无奈朋友怂恿,只得硬着头皮去广储司一试。管事儿的一听这事儿,深感为难,不知如何是好,只得回禀慈禧。慈禧便叫来同治问可有此事,同治供认不讳。慈禧一笑,告诉管事儿的官员:"皇上虽然是胡闹,可是也不能让老百姓觉得皇上说话不算数,这钱就赏下去吧。"

又有一次,同治出宫玩耍,不巧大雨滂沱,同治只得在一所寺院中避雨。可巧遇到一人,穷困潦倒。同治也是无聊,便上前搭话。二人攀谈起来,原来此人原是一大户人家的奴才,被主人赶了出来,无处容身,只得寄居在寺院中,苟活而已。同治听说如此,便问他想做什么。此人长叹一声,说要是能到广东海关当几年差使,就心满意足啦。

同治立刻取纸笔来写了一封信交给他,告诉他你只要拿着这封信去步军统领衙门,包你心想事成。此人半信半疑,第二天拿着信来到步兵统领衙门,步军统领一见此信,认得是皇上御笔,心知皇上又微服私访多管闲事了,然而也无可奈何,只得安排此人赴广东就任。

随着同治年纪增长,朝野中要求两宫太后停止垂帘、归政于帝的呼声也越来越高。慈安秉性冲淡,对此提议自然是无可无不可,可是慈禧始终以"典学未成"为由,不允许同治亲政。这虽是慈禧权力欲望强烈使然,但这个理由倒一点儿没错,同治没有治国之才是千真万确的。

不过,慈禧终究不得不遵守祖制,于同治十一年(1872年),宣称皇帝年纪渐长,理应亲政,不过皇帝既然成人,应当先举行大婚方为妥善，于是下诏命京城内外满蒙大臣送秀女入宫备选，为17岁的同治挑选皇后。

慈禧选后的用意，是想在同治身边安插一个自己的内应，用"枕头风"间接控制同治。因此，她自然希望同治按照自己的心意立后。在众多的秀女中，慈禧看上了员外郎凤秀的女儿富察氏。说起来，这富察氏确实长得比其他秀女漂亮许多，特别惹眼。

然而慈安对此事却有不同的看法，她认为富察氏虽然漂亮，但也许是出身于小户人家的缘故，举手投足透着一股轻佻之态，一看便知缺少教养。这样的女子怎么能够统摄六宫、母仪天下。因此她看上的并非富察氏，而是翰林院侍讲崇绮的女儿阿鲁特氏。崇绮才学过人，父亲是道咸两朝重臣塞尚，岳父是郑亲王端华。因此阿鲁特氏算得上是出身于书香门第、官宦世家，从小就接受了极好的教育。据《清史稿》记载，阿鲁特氏"幼读书，知大义，端静婉肃，内外称贤"。虽然是溢美之词，却也不乏真实。总的来说，阿鲁特氏虽然长得不如富察氏，但气质却非富察氏可比。

结果，慈安和慈禧在立后问题上发生了分歧，双方都希望立自己偏爱的秀女为妃。最后皮球被踢到了同治面前。

按照同治一贯好冶游恶读书的作风，他应该比较喜欢姿色过人、艳丽无双的富察氏才对，可当他看见跪在丹墀下的一排美女时，一眼就看中了气质过人、温婉贤淑的阿鲁特氏。这让慈禧大失所望、大为光火。

尽管在慈禧亡羊补牢的安排下，富察氏被册封为慧贵妃。但婚后的同治却与阿鲁特氏举案齐眉，相敬如宾，伉俪情深，对富察氏不理不睬。慈禧的计策至此彻底失败了。

盛怒的慈禧将一腔邪火迁到了皇后阿鲁特氏的身上，变着法儿地刁难皇后，甚至不许帝后二人见面，逼着同治与慧妃同房。郁闷的同治只好变着法儿地抵制慈禧。他以身体不爽为名，独居养心殿。后来同治病重，皇后偷偷去护理侍奉，二人久未见面，不免说些儿女私情之话。谁知慈禧得知此事，火冒三丈，亲自闯入养心殿暖阁，抓着皇后的头发将其拖出殿外，连打带骂，还要叫太监杖责，全然不顾太后和皇后的体面。

受辱不过的皇后情急之下说了句："媳妇是从大清门抬进来的，请太后留媳妇的体面！"谁知这句话反而激起了慈禧更大的怒火，慈禧本来就为自己未能在咸丰生前册为皇后而耿耿于怀，闻听此言宛如火上浇油一般，认为皇后是刻意讽刺自己，更加不依不饶。可怜同治见此，吓得人事不省，病情转重。

不久同治病重身亡，悲痛欲绝的皇后决心殉死，吞金自尽未遂。慈禧知道后却只是淡淡地说："就随大行皇帝去了吧"。不久慈禧择载湉为新君，皇后在宫内已经没有任何名分可言。在同治驾崩75天之后，皇后也撒手西去。

册立皇后，是同治短暂的一生中少有的独立自主的几次决定之一，然而不得不说，这个决定却颇不明智。尽管同治挑选的皇后并没有错，但他因此触怒了慈禧太后，间接导致了自己的死亡，并把阿鲁特氏推入了万劫不复的深渊。

同治十二年（1873年），同治开始亲政。由于他于第二年便遽尔驾崩，因此在这短暂的一年多时间里并没有太多值得称道之处，相反倒是惹出了一桩大风波。这位小主子在政务上的所作所为，只能让人徒呼可笑，就连记载此事的清人，也直言不讳地说"直是滑稽剧"。

同治十三年（1874年），刚刚亲政没多久的同治居然打算重修圆明园。消息传出，众臣无不瞠目结舌。虽说此时太平天国和捻军的起义已经被镇压下去，而西方列强与清廷也处于"和平友好"的局面，整个朝政有所恢复，然而毕竟是战乱之后，各项事业方兴未艾。同治帝放着一大堆的政务不处理，却一心要重修圆明园，这要花多少银子？！

最着急的莫过于恭亲王奕䜣，他此时是领班军机大臣，又是皇上的叔父。见到自己的侄儿如此胡作非为，他真是看在眼里，急在心头。不得已，只好写奏折进谏了。于是他挥毫奋笔疾书奏折一封，提了八条建议：停园工、戒微行、远宦寺、绝小人、警宴朝、开言路、惩夷患、去玩好。写毕又怕自己的分量仍然不足以打动同治帝，于是又找来醇亲王奕譞、惇亲王奕誴、孚郡王奕譓、额驸景寿、奕劻、大学士文祥、宝鋆、军机大臣沈桂芬、李鸿藻等九名重臣一道联名上疏，希望以此让皇上憬然，迷途知返。

十大臣的奏折送上去了，然而却仿佛石沉大海一般杳无音信，并不见同治召见群臣商议此事。过了几天，几位大臣凑在一起合计，觉得这样不妥，万一同治帝没看到奏折呢，还是十个人一起去面见圣上比较好。计策已定，十大臣便决定趁宫中演戏之机递牌子面见同治帝。

谁料进宫一看，同治皇帝坐在龙书案前，手中捏着奏折，面沉似水，气色不正。奕䜣心一沉，暗叫不妙，只得连忙率众人磕头。果然，同治帝也不等大臣们起来，便兀自大嚷起来："你们这些大臣好不饶舌！说说停工的事儿也便罢了，如何又说出其他的事来？"

十大臣头也不敢抬,心中暗暗叫苦,不知这位小主子是何主张。

奕訢贵为皇叔,毕竟地位高些。待同治怒气稍息,他便徐徐回复道:"皇上,臣下所奏,确实不止停工一事,还有其他条陈,请容臣一一讲来。"说罢,也不待同治答应,便从袖中取出奏折的副本念了起来。

谁知还没念几句,同治"啪"的一声,将手中的奏折往地上一摔,站起来怒气冲冲地嚷道:"别念了,你们不就是说我当不得皇帝吗?奕訢,这位置我不坐了,让给你,你来!"

此言一出,十大臣顿时乱作一团。文祥闻听此言,连连叩头,眼前一黑,居然晕了过去。醇亲王奕譞痛哭流涕,泣不成声。其他大臣也纷纷落泪,连连叩头,七嘴八舌地苦苦劝谏。只有奕訢黑着脸,低着头,不发一言,他是真的被这个侄子激怒了。

同治看着这些老臣,心中的怒火越烧越旺,又说道:"你们说我微服私访,可有证据?竟敢污蔑我,实属可恶!"

奕訢此时再也忍不住,抗声说道:"陛下,据臣所知,某年月日,陛下曾经到过某处;又某年月日,陛下又曾到过某处……"他口讲指划,一一道来,竟是分毫不差。

同治被说中痛处,脸上一阵红一阵白,一时居然哑口无言。他咬着牙看了看兀自滔滔不绝的奕訢,蹦出几个字:"不错,你却是如何得知的?"

奕訢此时也顾不得许多,直起身来说道:"臣子载澂亲眼所见,亲耳所闻。"

同治再也忍耐不住:"奕訢,你欺朕年幼,跋扈弄权,和你儿子一起把持朝纲,结党营私,莫非是要逼宫不成!朕……朕要重重

131

地治你!来人,拟旨,革去恭亲王一切差事,降为庶人,交宗人府严行管束!其子载澂,一并处理。"

闻听此言,十大臣大惊之下竟然呆若木鸡。醇亲王反应过来,膝行几步连连叩头:"陛下,请息雷霆之怒,收回成命。不然……臣只有一死以谢天下了……陛下……"明白过来的几位大臣也纷纷附和。只有奕䜣跪在旁边,木着脸一声不吭。

同治怒气更盛,向前一步,指着奕譞道:"好啊,你要以死相逼,朕就成全你。拟旨,革去醇亲王爵位,与奕䜣一体处理!"

正当闹得不可开交的时候,李莲英从殿外跑了进来,叩头道:"皇上,两宫太后有旨,宣您速赴弘德殿见驾。"

同治一听要见母亲,只得把心中的火气勉强压了一下,向十大臣吼道:"还待着干什么?朕要去见太后!你们这些狗奴才,差使都别干了,回家听候发落!"说完袍袖一抖,气冲冲地走了出去。

原来,同治与十大臣在养心殿闹得不可开交,两宫太后早就听报事的太监宫女说了个一清二楚。慈禧闻听此事心中十分不悦,尽管重修圆明园是同治的主意,但其实背后却是慈禧自己的意思,聪明如奕䜣者怎么会想不到这一点,定是蓄意和自己为难。回头一想,又深恨同治这个不争气的儿子不明事理,居然把此事弄得这么僵。慈禧回头看了看端坐不动、闭目养神的慈安,暗暗决定了善后之策:园子是不能修了,奕䜣当然更不能杀,至于皇帝,让他亲政实在是勉为其难,只好继续垂帘听政。

在慈禧的调停之下,这场闹剧总算草草收尾。在慈禧的斥责之下,同治痛哭流涕,从此再不敢自作主张。奕䜣官复原职,然而猜忌和怀疑的种子却已经种在慈禧心里。

第五章
又一个傀儡

表面上是皇帝，实则是被操纵的木偶，而玩弄木偶线绳的不过是一个女人。此线不断，掌控永远存在，于是一个傀儡死去，另一个傀儡替上，同样有名无实。

尚未破解的死亡谜团

同治帝载淳在位时期,清王朝内乱渐糜,外祸稍轻,就连当时名重一时的翁同龢、曾国藩等人,也对同治皇帝寄予厚望,唯愿有同治一日,清王朝得以东山再起,傲立于世界民族之林。只可惜,17岁(1873年)亲政的同治帝,未及两年,即于同治十三年十二月初五(1875年1月)病逝,时年19岁。

同治十三年十月二十一日(1874年11月28日),同治帝在驾幸西苑之时,突然感到身体不适,随即找来太医诊治,以前的医中圣手,如今却全然无从着手。十天过后,同治帝的病情突然急转直下,发烧发热、四肢无力、浑身酸软,在皮肤上还出现了没有凸起的疹形红点,而且红点很快演化为"疹形透出,挟杂瘟痘","颗粒透出"。这让慈禧大惊失色,莫非这是天花?

果然不出所料,同治帝真是得了天花。为了让儿子安然闯过这一关,慈禧一面让御医加紧医治,半刻不敢耽误,一面让人将痘神娘娘请到了养心殿,举行隆重的仪式,希望能够让痘神娘娘把洒下来的水痘收回去。此外,慈禧和慈安两位太后还亲自去了景山寿皇殿向祖先祈福，希望他们能够帮助同治渡过这场劫难。

皇天不负有心人，同治帝的病情终于好转，身上的豆粒越来越少，一个个开始结痂脱落，慈禧的心也终于开始放松下来。但还没过多久，同治帝的病情出现急剧恶化，"湿毒流聚腰间，红肿溃破流脓水。……痘后余毒湿盛"。不久之后，"痘痂俱落，而腰间溃孔，左右臀部溃孔……"此后御医们束手无策。这年十二月初五酉刻，同治于养心殿东暖阁驾崩。

同治死后，朝廷发布公文，声称同治皇帝因患天花不治身亡，然而单单一道公文并不能阻止流言和疑惑四起。《清稗类抄》就揣测了同治帝的死因大概有三种：

一者，是传说同治非慈禧亲生，慈禧害怕同治阻碍自己，遂将之杀害；二者，是因为皇帝想要立皇储，找来了李鸿藻商议，这让慈禧很惊恐，于是中断了同治帝的治疗；三者，是因为同治帝的皇后与太后不和，同治帝便安慰她，让她等自己好了，就补偿她，岂料这件事情让慈禧知道了，将皇后拖出去打了一顿，同治帝遂气愤而死。

和以上三种说法相比，更多人趋向于相信另一种说法——同治帝死于梅毒。患此病的人，皮肤上毒疮会红肿溃烂，状似杨梅，民间起名为"杨梅疮"。依照同治帝临死之时的病状，再联系到同治帝生前种种，这种说法似乎有根有据。但是梅毒并不会在短期内让人丧命，不治而死者，会在五年、十年甚至是更长一段时间后死去，而同治帝从患病到死亡，充其量也就几个月的事情，因而他死于梅毒一说，尚有待商榷。如果同治帝既不是死于天花，也非死于梅毒，那么他又是如何魂归天外的呢？

要破解这个难题，还原历史真相，还需要从当时最真切的医药记载出发。在20世纪70年代，《万岁爷天花喜进药用药底簿》从清宫档案中被搜了出来。根据书簿中的记载，从同治帝得病到驾崩前后36天的时间里，同治皇帝的脉象、用药处方和服药情况都证明同治帝死于天花而非梅毒。

之所以天花会置同治帝于死地，只有一种解释，即在天花后期，同治帝不幸皮肤感染。史料记载中说当时同治帝"发热头眩俱退，惟湿毒乘虚流聚，腰间红肿溃破，浸流脓水，腿痛筋挛，头项胳膊膝上发出痘痈肿痛"。这让同治帝本来就患了天花的身体雪上加霜，最终皮肤病发展到了"走马牙疳"的地步，也就是医学上所谓的"坏疽性口炎"。

当然，也有人怀疑，敬事房太监和御医为了掩饰同治帝的丑闻，很可能刻意地掩盖了事实的真相，将《万岁爷天花喜进药用药底簿》的所有一切都按照天花的病症造假。

作为同治帝佩服和亲近的帝师，自同治帝患病开始，翁同龢就片刻不离同治帝身边，一边监督御医履行职责，一边嘘寒问暖，安抚同治帝的心情。对于同治帝之死，除了慈禧，恐怕只有翁同龢最为伤心了。同治帝患病期间，御医诊治的那些脉象和处方，都被翁同龢一一记录了下来，与《万岁爷天花喜进药用药底簿》的记载一对照，相差并不大。

被抱来的小皇帝

同治十三年（1874年）十二月初五，同治在养心殿东暖阁的须弥宝座上闭上了眼睛。他的驾崩让享国200余年的清帝国第一次出现了皇储断档的危机。

根据野史记载，同治去世后，慈禧命宫中侍卫封锁消息，秘密请尚被蒙在鼓中的恭亲王奕䜣进宫。奕䜣进得宫来，猛见同治的尸体放在养心殿中，吓得魂飞魄散。此时慈禧却面色平静得像刚睡醒一样，手持蜡烛在旁边徐徐说道："事已至此，怎么办？"

这不仅是有关大清"国本"之事，也关乎她是否还能继续把持大清的最高权力。对于已经垂帘听政十余年的慈禧来说，对权力的追求和控制早已成为生命中最重要的事情，她不会眼睁睁看着大权旁落的。

按照清王朝父死子继的不成文规则，同治帝载淳死后，应该由"溥"字辈接任皇帝，朝中一些大臣也如此想，便推举道光帝长孙溥伦入主大宝。但这正是慈禧太后所不愿意之事，因为如果一旦这样，她的身份就变成了太皇太后，从而失去了继续"垂帘听政"的权力。所以她以支脉太远而拒绝了这一提议。慈禧太后的意思,是继续从"载"字辈中挑选一人担任皇位,并且此人还必须是同治皇帝的近亲,如此她就可以继续以皇太后之身份把持朝纲。这样一来,可选择的余地就变得很小了,候选人不外乎是咸丰帝几个兄弟的儿子,也就是同治的堂兄弟。慈禧最终挑中的是醇亲王奕𫍽的次子载湉,也就是后来的光绪帝。这是为什么呢?

原来,在道光皇帝的几个儿子中,当时仍健在,并且育有后代的,就只有恭亲王奕䜣和醇亲王奕𫍽。但恭亲王奕䜣作为议政王、领班军机大臣,已经权倾朝野,倘若再有儿子继承皇位,奕䜣不啻于是无冕之王,权力过大。况且,奕䜣诸子年纪也都不小,不便控制。相反,醇亲王奕𫍽为人低调,而其次子载湉彼时年纪只有4岁,不大不小,便于从小控制。更重要的是,奕𫍽的正福晋,乃是慈禧的亲妹妹,两家可谓是亲上加亲。于是,事情就这么定了下来。

家中平白多出一个皇帝,似乎是件天大的喜事,但醇亲王奕𫍽可并不这么看。他深知慈禧的为人,明白自己的儿子当皇帝并不是要君临天下,而是要给自己的这位大姨子做个帮衬。因此在得知这一决定后,他当时就昏了过去。史载,奕𫍽"忽蒙懿旨下降,择定嗣皇帝,仓猝昏迷,罔知所措。身战心摇,如痴如梦"。

应该说,奕𫍽是个极为聪明的人,当然他的聪明与奕䜣不同。奕䜣的聪明表现在文武全才,有经天纬地之能上;而奕𫍽的聪明则表现在深知进退、韬光养晦上。由于曾经参与辛酉政变,又亲自捉拿了八大臣之首的肃顺,醇亲王在同治朝深受慈禧重用,先后担任都统、御前大臣、领侍卫内大臣、管神机营事、管善捕营事、步军统领、弘德殿行走等职务，是地位仅次于恭亲王的重臣。然而他为了避免遭到慈禧太后的猜忌，在光绪皇帝甫一继位之时，就上奏折要求辞去一切职务。在其再三哀求之下，慈禧最终同意了他的请求，仅保留了亲王双俸的待遇。

不仅如此，奕譞还秘密给慈禧上了一道名为《豫杜妄论》的密折，其内容大致是说，由于载湉当了皇上，自己虽然身为皇父，但绝对不会要求追封皇帝的称号。如果自己有一天死了，有不知好歹的大臣，请求慈禧或光绪追封自己，请拿出这封折子驳斥他。事情果然不出醇亲王的预料，十几年以后醇亲王去世，果然有大臣提出此议，结果被慈禧骂得狗血淋头。由此观之，奕譞实在是一个深谙政治斗争之道，有大智慧的人。奕䜣最终被削去官职，在家闲住，奕譞却荣宠不衰。

载湉的继位引起了朝中一些大臣的强烈不满。因为经过200多年来清朝历代皇帝不断的调整和完善，皇位继承制度已经形成了一套较为严密和合理的规则：首先是父死子继，清代历史上从来没有兄终弟及接替皇位的成例；其次，清代皇帝的确立，早期是由满族亲贵协商，或者皇帝留下的遗诏决定的，在雍正创建秘密立储制度之后则依此而行；再次，但凡幼主继位，通常先帝都会安排辅政大臣辅佐新君。具有强烈权力欲的慈禧却罔顾祖宗家法，一口气将这些成例全部打破，以一己之言，决定了皇位的归属，并继续垂帘听政。难怪一些守旧的大臣会极度不满，甚至以死抗争。

光绪五年（1879年），同治下葬于惠陵，御史吴可读请求陪同送葬。结果半路自杀身亡，身后留下一封遗折，请求慈禧待异日光绪成年之后，将其子过继给同治，作为下一任储君，以保持大清国祚绵长。这一"尸谏"事件震动朝野，慈禧太后迫于舆论压力也不得不批准了吴可读的建议。

无论如何，刚刚4岁的载湉被扶上了皇位，年号光绪，而慈禧太后也顺理成章地再次"垂帘听政"。光绪的幼年生活几乎和同治无甚区别，从6岁开始，进入毓庆宫读书，先后教过他的老师有翁同龢、孙家鼐、夏同善等人。光绪在这些饱学宿儒的教导之下受到了良好的教育。和贪玩懒学的同治不同，光绪从小就非常知书达理，慈禧也称赞他"实在好学，坐、立、卧皆诵书及诗"。两代帝师翁同龢与光绪感情甚好，在其《翁同龢日记》中记载了大量光绪小时候的轶事：光绪8岁那年，曾经向上天祈雨，为了表示虔诚，居然自行斋戒，并要求上书房的师傅依例办理；9岁那年过生日，宫中唱戏庆祝，光绪甚为不满，认为沉迷戏剧，有害无益。光绪小小年纪，其行为举止便深合儒家之道，这让翁同龢大为高兴。

等光绪年纪稍长时，他不仅熟读经史子集，而且能诗善书。据史料记载，"上（光绪帝）之文学本源极厚。书法钟颜，端厚浑朴，诗文极雅"。光绪自小养成了读书的好习惯，当他亲政以后，处理朝政之余，尚且手不释卷，终日阅读，而且中西书籍，均有涉猎。此外，光绪的记忆力也相当好，称得上博闻强识。据说当他亲政以后，阅览奏折一目十行，只要一遍便了然于胸。有些年深日久的折子，军机大臣甚至都不记得了，而光绪还背得出来。有一次，有大臣从江南返回，觐见慈禧和光绪，不免谈些地方见闻。慈禧偶然提到河南上报某县遭受冰雹袭击，但一下子想不起是哪个县，光绪在旁立刻提醒道是巩县。过了一会儿，慈禧又问起永定门外前几年修建的电车是何人所为？光绪应声答道是德国公使海靖。由此可见光绪的记忆力颇为了得，对国事也甚为关心。

被当皇帝很受挫

应该说，光绪的能力，完全有资格独立处理政务，虽未必会成为一代有道明君，但必然不会像咸丰、同治那样昏庸无用。不幸的是，他当皇帝这件事本身就是一个悲剧。正如前文所说，他的即位，纯粹是为了配合慈禧掌握权力的要求。因此，当他年纪渐长，要求亲政的时候，便不可避免地与慈禧发生了冲突。

慈禧与光绪的关系，实在说不上有多好，由于二人并没有血缘关系，所以慈禧对这个小皇帝并没有特别深刻的感情。据说光绪10岁那年，慈禧生了一场大病，光绪为此心急如焚，半夜暗暗向上天祈祷，甚至要效仿古人"割股奉亲"之举，拔刀自伤，意欲割肝做药，幸亏左右侍卫连忙抢救，才不致酿成大祸。谁知道这样一份孝心，慈禧知道之后却神色漠然，不为所动。

慈禧始终提不起对光绪的兴趣的原因，可能还与年幼的光绪更加喜欢温柔可亲的慈安有关。年幼的光绪闲来无事，总是往慈安宫里跑。可是此时的慈安和慈禧早已经由于安德海的事情心生嫌隙。同治八年（1869年），慈禧身边的当红太监安德海擅自出宫，有违禁令，被山东巡抚丁宝桢诛杀，据说此事得到了慈安太后的批准。慈禧得知后自然对慈安怀恨在心，由此二人结怨。光绪七年（1881年），慈安逝世，年幼的光绪从此更显孤立。

慈禧不喜欢光绪，便经常有意无意地为难小皇帝。光绪体弱多病，身体一直不好，据说是因为从小就营养不良所致。根据清宫规矩，皇帝每日进膳，都要上几十道菜，可是皇帝一个人怎么吃得了那么多，顶多就是拣离自己近的菜吃几口，结果就是离皇上特别远的菜每天都用小火煨着，每次都放在原来的地方，夏天时居然大多都发馊变臭了。就是皇上吃得到的几道菜，也不是现做，而是早就做好的，味道自然很差。

年幼的光绪正在长身体的时候，却吃不到什么像样的东西，有时候甚至忍饥挨饿。实在忍不住的时候，光绪也会让御膳房换换菜谱，做些新菜。可御膳房对光绪的命令压根儿不理不睬，而是要禀明慈禧批准。慈禧自己每顿都吃小灶现炒，根本不管光绪，反而经常教育光绪要勤俭节约云云。如此几次，光绪再也不敢抱怨膳食了。

此外慈禧酷爱听戏，每次看戏都会叫光绪前来陪同。可是她根本不管小孩子的心情，总是点些《天雷报》之类的阴森恐怖、神神鬼鬼的戏，给年幼的光绪留下了很深的心理阴影，以至于日后光绪非常害怕打雷。后来光绪长大了，慈禧干脆不给他座位，就让他在旁边站着陪侍。

同治和慈禧不睦，始于慈禧为同治选后；而光绪与慈禧同样因为光绪大婚的事闹得很不痛快。光绪十三年（1887年）冬，17岁的光绪皇帝也要亲政了。按照惯例，自然是要先举行大婚典礼。慈禧太后此时的心境，与当年为同治皇帝选后时并无不同，仍然是想要在光绪皇帝身边安插一个自己人。因此，她安排了自己的亲侄女、都督桂祥的女儿参选。

慈禧太后把自己的侄女安排进去，也就是想效仿孝庄太后。光绪帝并非慈禧亲生，而是慈禧的亲妹妹之子，这样算来，光绪其实是慈禧的外甥。也就是说，那位被慈禧安插进来的桂祥之女，实际上是光绪帝的表姐。

选后仪式安排在体和殿进行。这一天，备选的秀女依次排列在殿内，等待皇帝的挑选。殿内放着一张小桌子，上面放着一柄金镶玉的如意，两个红色绣花的荷包。按照清宫惯例，皇后和嫔妃由皇帝亲自挑选，如果皇上看中哪位女子，欲立其为后，则将如意赐之，欲立为妃者，则将荷包赐之。慈禧在安排秀女顺序时，特意让自己的侄女排在首位。此时没有了慈安的掣肘，慈禧自然以为光绪会乖乖听从安排。

年轻的光绪并不笨，他自然知道这只不过是慈禧安排的一出戏而已，所以他根本不想配合慈禧把这场戏演下去。当慈禧拿起如意递给他时，光绪直截了当地说道："婚姻大事，还是皇爸爸来做主，儿臣就算了吧。"谁知慈禧并未答应。也许在她看来，过程和结果同样重要。光绪毕竟年纪尚幼，看到慈禧如此做派，居然以为自己即将亲政，慈禧也要尊重自己的意见了。大喜之余，他一把抓过如意，看也不看站在第一排的桂祥之女，径直走到站在第二排的江西巡抚德馨的女儿面前，要把如意赐给她。

就在这关键时候，慈禧再也忍不住了。她也顾不得皇家的体面，严厉地喝了一声："皇帝！"光绪吃了一惊，愕然回过头来看着慈禧，此时慈禧却又闭上了眼睛，一语不发，只是朝着第一排的方向努了努嘴。光绪愣了一下，还是无可奈何地慢慢踅回身来，把如意重重地往桂祥之女的手中一塞，迅速回到了慈禧身旁。

虽然身为皇帝，可是面对专权的慈禧，光绪也只有认命的份儿。光绪与表姐，也就是隆裕皇后在成婚前的关系一直不错，作为姐姐，隆裕对光绪特别照顾，就像对待自己的亲弟弟一样，两人的关系十分融洽。可是突然间，慈禧把表姐指给了自己当皇后，光绪心中实在难以接受。但为了服从慈禧，也为了讨好慈禧，光绪别无选择。

经此一场风波，光绪自然也不愿再挑选嫔妃。可是慈禧太后仍然不依不饶，她认为既然光绪有心于德馨的女儿，即使召入宫中作为嫔妃，日后定然也有夺宠之忧，于是自作主张，将两个荷包给了站在第三排的礼部左侍郎长叙的两个女儿。一场可笑的选后仪式就这么结束了。然而慈禧并没有想到，在这一次选后中，她仍然没有获得完全的胜利。她的无意之举又为自己树立了一个敌人：长叙的小女儿，就是后来的珍妃。

光绪的一生也就只有这么一后二妃，是清朝皇帝中后妃最少的皇帝，也是成婚最晚的皇帝。慈禧的做法也是出于其政治上的考虑，目的就是要在把朝政交给光绪后，还能够利用皇后来操纵光绪，最起码可以监视和掌握皇帝的一举一动。

可以想象，光绪自然不会对这样一场政治婚姻感到满意，尽管珍妃、瑾妃也不是他亲自挑选的，但为了报复慈禧，他甚至刻意地疏远被封为隆裕皇后的桂祥之女，而亲近珍妃和瑾妃。与隆裕大婚当晚，光绪甚至做出了一个有悖于皇帝身份的举动——他扑倒在隆裕怀里大哭着说:"姐姐,我永远敬重你,可是你看,我多为难啊。"这主要是光绪对慈禧安排的政治婚姻的不满。

从小养尊处优的隆裕皇后怎么能忍受光绪的这种轻蔑?因此二人时常爆发争吵。光绪十八年(1892年)夏,光绪与隆裕皇后又因为小事激烈争吵起来,光绪帝许是心情不好,骂得很凶,郁闷的隆裕皇后气不过,便到慈禧的寝宫发牢骚。

隆裕的本意,只是找个人倾诉一下,获得一些安慰就可以了。谁知道慈禧闻听此事,勃然大怒,当着一众太监宫女大骂光绪,转脸又好言劝慰皇后:"别太难过了,你还年轻,不用为这个病秧子想不开。我有的是办法收拾他。"隆裕皇后一听此言,知道自己做过头了,然而也无可奈何。后来连续几个月,慈禧对光绪都没有好脸色,甚至一言不发。从此,慈禧就埋下了铲除光绪的心思。

光绪亲政以后,慈禧规定,光绪必须每隔一日向她奏报政务,听候训示,还经常派人监视他的行踪。而光绪慑于慈禧的威严,每日请安时都浑身颤抖,有什么政务上的事情也根本不敢自作主张,还要主动向太后请旨才能实行。戊戌变法失败,慈禧太后以"训政"为名,重新临朝视事,居然连垂帘听政的形式都免了,与光绪帝一起坐在须弥宝座上接受群臣叩头谢恩。

俗话说天无二日,国无二君,这话在慈禧的面前被打破了。有大臣奏报政务,全凭慈禧一一裁决,光绪在一旁只是默然不语。有时候慈禧觉得不妥,用胳膊肘碰他,示意他说两句,光绪才提起精神,胡乱应付两句而已,说得不妥,还要遭到慈禧的斥责。

在慈禧太后眼中,光绪帝不过是一个她实现权力欲望的玩偶与傀儡。

边疆耕田促民合

自古以来,封禁政策在历史上的多个朝代都曾出现过,如《隋书》《皇朝续文献通考》《元史》中都有关于当时统治者实施封禁政策的记载。到了17世纪中叶,清军入关,鉴于阶级矛盾和民族矛盾的尖锐形势,清朝统治者为了巩固新政权的统治秩序,维护贵族们的土地特权,在整个边疆地区都实行了不同程度的封禁,甚至内地的一些地区也颁布了局部的封禁政策。

按照封禁政策的相关规定,任何人都不能攀越边界处的"边墙",也不得在设有封堆和台卡的山、河、围场等地方私自垦荒。另外,清人在出入关塞前,必须先到当地衙门领取数量有限的满文或汉文"印票",或到指定的关卡登记、接受官方的检查,检查通过后还需要缴纳一定数额的票税,才能获得通行资格。

所以,清朝初年定居关外、边塞的汉族流民不仅数量少,而且定居者也时常忧心忡忡、担惊受怕。

东北是清朝入关前的居住地,也是满族发祥地。这里虽然自然条件恶劣,但土地肥沃、物产丰富。清军入关后,为了保护"龙脉"，独享当地参、貂之类特产的利润，同时也为给当地的官兵和京旗官兵一份可以养家糊口的恒定资产，康熙从1668年起就一直实施着禁止开垦的政策条例。在此后的193年间，任何汉族人民在此处的开垦行为都被视为"非法"。

然而，随着清朝全国人口的不断增加，到鸦片战争之前的几年，中国的人口已经超过了雍正时的十几倍，达到了4亿以上。与飞速增加的人口比例不协调的是中国的土地并没有增加，而且因为贫富分化的加剧、连年遭受严重的灾荒，使得各地饿殍遍野，损失惨重。

在这种情况下，不断有人民起来反抗清朝的统治和封禁政策，大量的人民在无路可走时只能选择背井离乡，转向穷乡僻壤的边疆禁区另谋出路。到了清朝后期，各种民间起义反抗络绎不绝，这让以武力镇压应对的清廷手忙脚乱，军费不足、财政困难的情况更是日盛一日。为了平复人民的怒气，也为了弥补自身财政方面的不足，清政府不得不放松了封禁政策，企图通过允许边民垦荒屯田获得田赋收入。

到了光绪皇帝当政的时候，内忧外患、强邻压境，朝廷最终彻底撤销了禁令，转而实施"移民实边"的政策。这样，自清初以来就开始实施的封禁政策，在众多人民的反抗中被废止，边疆地区的开发和建设的工作，也开始在流民的辛勤劳作下而日渐扩大和加强。

在东北扎根开垦的人多是那些在故乡实在无法谋生的汉族流民，他们垦荒的积极性很高。道光年间，5600户汉族"民户"就已在黑龙江呼兰河流域开垦出27500多垧土地。嘉庆时，6000多户汉族人也在吉林省内开荒辟地无数。咸丰十一年（1861年），清朝政府决定部分开放禁令，吉林双城堡、呼兰河一带成为可垦地段。当时有个叫杨继民的人，当下就押领20余万垧荒地。

光绪六年（1880年），为了增加财政收入，朝廷出台了三种奖励移民的办法鼓励流民在关外垦荒。这三条规定分别是：一、每亩地价格为4串钱，买不起的可以每亩600文的租税为条件代买；二、免除租税5年，土地垦荒成功后，每垧土地只需交租税600文；三、对耕地条件、自然条件较为恶劣的乌苏里江地区住户，免除他们所纳的租税，而且还给每户发放32两的安家费。同治五年（1866年），为了鼓励关内人民到关外定居，政府开始允许汉族妇女出关。到光绪四年（1878年）时，则将汉妇出关之禁彻底废除。

吉林垦务局和黑龙江垦务局分别在光绪四年（1878年）和光绪三十年（1904年）成立，这标志着东北进入全部开放时期。开放后的七八年间，吉林、黑龙江地区的荒地开放就将近700万垧。伴随着流民的不断输入，到清朝末年，仅黑龙江一个地区的人口就比乾隆中期的人口增加近90倍，达到530多万人。

在东北、关东地区封禁政策不断开放的同时，新疆等边疆地区的开发也在如火如荼地进行着。

蒙古诸部通过政治联姻最早归附清朝，对归附后的蒙古诸王，清廷纷纷赐以爵位，并允许他们维持游牧式的生活方式。东北三省境内的蒙古各旗，在当地汉族流民的影响下很早就开始了农耕生活。位于吉林、黑龙江的郭尔罗斯部在乾隆当政时，仅用10年时间就开垦出了26万亩耕地。安居在黑龙江省西北部的依克明安部，在光绪三十四年（1908年）时依旧游牧而居的蒙古牧民只有不到

200家，因为他们旗内几乎所有的土地（除乌裕尔河沿岸外）都已向牧民开放，绝大多数牧民也就改变了自己传统的生活方式。

在蒙古族人民和汉族人民的共同开发下，蒙古各部农业区、牧业区和半农半牧三种经济区逐渐形成。在这些经济区内农副产品多样，饲养的牲畜种类也比明朝时增加了很多。经济的发展反过来促进了当地的民族融合。在光绪年间，朝廷对蒙古各部的关注程度提高，对汉族人的态度也已经好转，在奖励汉族人开垦的同时，鼓励蒙古人民学习汉族先进的文化，为了提高他们的学习热情，还规定当地政府呈报的公文必须用汉文写就。此外，清朝政府还废止了禁止蒙汉通婚的规定，开始允许蒙汉结合。

光绪三十二年（1906年），云贵总督岑春煊根据热河、察哈尔、乌里雅苏台、库伦、科布多等地汉族流民众多的实际情况向中央奏请在这些地方设立行省，以方便管理和当地社会秩序的维护。

汉族农民在边疆开发过程中起到了重要的作用。他们定居边疆后，和蒙古族人民来往密切，入乡随俗地按照当地的风俗习惯生活，并和当地的蒙古族人通婚结合，生儿育女，所以当地的民族关系十分融洽。而且汉族人还将中原先进的农业知识和生产技术带到了边疆，并将屯粮建房的技术、渠灌的技术、农作物种植的技术和菜园果园的管理技术传授给了当地居民。

除了我国东北部、北部边疆的开发，西北部和西南部的边疆也在清朝末年有所发展。光绪十年（1884年），清政府在新疆改设行省，朝廷每年拨发290多万两"协饷"（补贴），相当于乾隆年间拨发数目的4倍还要多。随后此地移入大量的汉族人，他们和当地的各族人民一起辛勤劳动，用心经营，使当地的农业、棉业、养蚕业获得很大进步和发展。

相比于西北的开发，我国西南部的开发进程更早一些。嘉庆年间，清朝统治者担心西南部的流民因为居无定所、无以谋生而滋生是非和暴乱，便同意了当时工部尚书彭元瑞的建议，在西南地区"酌置编氓"，允许他们开垦深山老林之地。5 年之后，寓居江西、广西、贵州、湖南、湖北、四川、陕西各省的流民已经达到好几百万，深山老林的开垦也十分有成效。

禁区的突破和边疆地区的开发，离不开广大人民的坚持斗争和辛苦劳作，他们在建设促进当地经济发展的同时，也加速了各族人民的融合。

第六章
解密清朝四大奇案

清朝四大奇案,分别为九命奇冤梁天来案、张文祥刺马案、杨乃武与小白菜案、名伶杨月楼冤案。案情复杂,过程曲折,跌宕起伏,出人意料。这四大奇案的背后,隐藏着的是大清帝国司法制度、政治制度等的一系列弊端。

八尸九命，灭门惨案

九嶷风雨暗崎岖，八节波涛险有余。
世路台栽招隐赋，人情催广绝交书。
传闻入市人成虎，亲见张弧鬼满车。
旧约耦耕堂愿筑，平田龟坼又何如？

——清·苏珥·《赠凌贵兴之子汉亭》

苏珥苏古侪，广东学政惠士奇的"惠门八君子"之一。他所写的这首存于《岭南诗存》的七律，讲述的正是发生在雍正年间的一桩奇案，史称"九命奇冤"。

雍正年间，正是康乾盛世的一个承上启下时期。康熙朝末年的弊政，在以刻薄、勤政著称的雍正帝的努力下得以扭转。再加上此际台湾早归，海晏河清，长久以来的禁海令变得松动起来，此中获利最多的当属那些沿海城市。

雍正年间的广东南雄有一间丝绸店，由于与西方存在着贸易往来，是故生意兴隆。与别家有所不同的是，这家丝绸店的老板是郎舅两人——妻兄凌宗客与妹夫梁朝大。凌宗客年长，在有了一定的积蓄之后前往广州安享晚年，丝绸店交由梁朝大一人打理。

不久之后，凌、梁二人先后谢世，由凌宗客之子凌贵兴与梁朝大的两个儿子梁天来及梁君来共同经营管理。三人在经营丝绸店上都没什么经验，生意江河日下。最后三人一商量，干脆将店铺盘出去，各谋出路。梁天来与梁君来兄弟二人在广州的第八甫开了一间名为"天和"的糖行，凌贵兴则剑走偏锋，准备应科考而步入仕途。事情发展到这里，倒也相安无事。

梁家兄弟在广州城的生意做得是风生水起，而凌贵兴的科考之路却不那么顺畅，初试便名落孙山。凌贵兴不去想苦读寒窗，反而怀疑自己家的风水有问题，便请了一位有着马半仙之"美誉"的风水师，到位于广东番禺潭村的凌家祖坟去看风水。

  原来贵兴祖坟，葬在潭村。当时船泊了岸，贵兴、半仙，一同登岸，来到坟上。

  马半仙开了罗盘，看了方向，又四面看了大局，就发起他那荒谬议论来道："尊府这座阴宅，前后俱是高牵，中间低陷，是个'猫几伸懒'之局，行门放水，极合其宜，可以断得是发科发甲、丁财两旺之地。"

  贵兴道："有甚不到之处，尚望指教，不可过誉！"

  马半仙道："我是依书直说，毫无褒奖，从前那位点穴的先生，很有功夫，恰恰点在这龙盘之内。东边文笔既显，西边催官亦猛，后面玄武高牵，前面朱雀坦平，四围巩固，八将归堂，应有一名状元，三名进士，举贡秀才，可保屡代不绝的。"

贵兴道："既如此，何以我今年下场不利呢？"

半仙叹了一口气道："最可恨的是前边那一座石室，恰在那犯煞的位上。最宜平坦，不宜高耸。不知是哪个人的房屋，倘能叫他迁让，此地便是十全十美的了。"

——吴趼人《九命奇冤》

清末小说家吴趼人曾用小说的笔法讲述了这桩发生在雍正年间的奇案。由于官方记录上并不会写明此案的各个细节，姑且借用小说家之笔，看看此事的来龙去脉究竟如何。

从吴趼人的文字中我们便可看出，凌家的祖坟风水确实不错，但被梁家的石室（在广州，花岗岩被称为麻石，用花岗岩搭建起的房子即为"石室"）隔断了风水。凌贵兴要想金榜题名，势必需先拆了这座石室。

这座石室恰是梁天来的产业。为了防盗，梁朝大生前修建此屋，用来存放贵重物品，因此修建得极为坚固，不仅墙壁房顶乃至于地面都使用石料建造，更设置了三道门，在地下打了一道深达一丈二尺的沙桩。梁朝大在临终时一再叮嘱梁天来兄弟俩，无论将来家庭条件到了何等地步，三代之内，不许对此屋进行变卖或拆毁。因此，当凌贵兴出高价要买下"石室"时，梁天来毫不犹豫地拒绝了他的请求。

文取不成，对石室势在必得的凌贵兴便动了"武取"的念头。在与叔父凌宗孔、表叔区爵兴等人的密谋下，凌贵兴决定勾结匪徒林大有一伙子人，举着打劫的旗号，开始了霸占梁家"石室"的行动。

这天夜里，凌贵兴、凌宗孔、区爵兴并林大有纠集起几十号人马,兵分四路,向梁家石室进发。

第一路人马的工作比较简单,他们只需要通宵达旦地将十多箩爆竹不停地燃放即可,借助震耳欲聋的鞭炮之声来掩盖其实施罪恶行径所发出的响声;第二路人马负责清除障碍,也就是要把是夜当值的更夫、棚夫(为防止失火而彻夜看守木棚的人)等一干有可能会妨碍行动的人用"闷香"之类的药物弄倒;第三路人马则负责对闻讯而来的官府人士进行拦截,谎称所谓的鞭炮声,其实只是凌家为了消除"阴气"而彻夜鸣放罢了,然后将官府来人带到凌家,好吃好喝地款待他们一夜;第四路人马则从事最重要的工作,即冒充匪人,打着抢劫的旗号杀奔梁家,打算把梁天来兄弟擒住,待凌贵兴"验明正身"后神不知鬼不觉地送梁氏兄弟上西天。这样一来,"石室"便可以轻而易举地被拆除了。

率领第四路人马的林大有一行杀气腾腾地赶到梁家。眼见这些人明火执仗地前来,梁家人大惊失色,全都躲到了石室中。

石室坚不可摧,林大有便从三道门上想辙。第一道是木门,用铁锤便可砸开;第二道是铁门,强盗把柴草和木炭堆在铁门之下,纵起火来,等铁门被烧得变形之后再用锤斧之类的砸开;第三道门是石门,斧锤砸上去只会留下一道白印,用火烧?恐怕烧到天亮也不能动其分毫。林大有想出了一条毒计,点燃浇上了桐油的木炭,再用风箱把燃烧产生的毒气顺着门缝鼓入密不透风的石室中⋯⋯

事情了结,凌贵兴认为梁氏兄弟必死无疑,兴高采烈地做起了他的状元梦。

可谁知道,第二天梁天来与梁君来竟然活生生地赶去报官。

原来,在凌贵兴决定动手的前一天,梁氏兄弟返回广州"天和"糖行，次日闻讯赶回，匆忙报官。

赶到案发现场后的官府差役找来石匠，奋力凿开坚固的石门。梁家老少一共8人被从中抬出。梁天来的祖母一息尚存，马上用姜汤、开水灌救，方才从鬼门关上侥幸逃生。其余的7人皆一命呜呼，包括梁君来已怀有身孕的妻子。

这一年，是雍正五年。

七尸八命，一夜之间梁家几乎被灭门！梁天来很容易地便想到，做出这种丧尽天良之事的只有凌贵兴。紧接着，梁天来便踏上了漫长而又艰险的申冤路。

凌贵兴又何尝不知道梁天来的申冤？为了阻止其告状，更为了防止罪行败露，凌贵兴不惜血本，花了数万银子将从知县一直到制台等各级地方官员全部收买，甚至包括当晚的见证人也在金钱的攻势下做了昧良心的证词。只有一个见证人没有接受收买——乞丐张凤。当张凤拒绝钱色的诱惑时，竟然在朝堂之上被活活夹死。此即九命奇冤之所谓。

地方上无能为力，梁天来便欲到北京，向雍正皇帝告御状。谁知道凌贵兴的表叔区爵兴派出了五路人马对其进行截杀。

幸得天佑。死里逃生的梁天来历尽艰辛，终于抵达北京，将状词递交上都察院。

此案八尸九命，关系重大，况且牵扯到广东地方上众多官员，都御史陈式一时不敢着手处理，只得暂且压下。

某日，督办黄河水利工程的制台孔大鹏回京复命，在朝房中遇到陈式。两人攀谈了一番，陈式得知孔大鹏曾处理过此案，但尚未等案情水落石出孔大鹏便被调离。从陈式的口中，孔大鹏得知此案仍未沉冤昭雪，便极力主张陈式将案情上报与雍正帝，还梁天来一个公道。

接到奏本后的雍正皇帝又惊又怒，当即委任侍郎李时枚和孔大鹏为钦差大臣，专程前往广东查办此案。

李、孔两位钦差抵达江西时，偶遇凌贵兴的表侄——在此案中被利用准备进京自首的李丰。李丰告知两位钦差大人，地方各级官员早已被凌贵兴买通，一旦二位钦差入粤，定会走漏风声，打草惊蛇。而此时的凌贵兴正在算计着逃往海外，钦差的到来只会加快其出逃的速度。再加上此案涉及三四十人，若想一网打尽，难如登天。

李丰献计，由他以本家侄子的身份给凌贵兴修书一封，称钦差大人在自己的游说下答应对此案进行通融，但所有人的供词必须一致。等到凌贵兴他们集中起来串供之时，正好一网打尽。

经过一番分析，李、孔二位钦差认为此计可行，便命李丰着手准备书信，紧接着便入粤准备抓捕行动。

行至广东韶关时，钦差命令韶关总兵万福委派得力干将、守备叶坚率兵前往广州和案发地番禺谭村。

在李丰书信的作用下，30余名案犯被一网打尽。审明此案上奏朝廷批准后，朝廷判处主谋凌贵兴凌迟处死，从犯区爵兴、林大有等13人斩首示众，另有15名其他案犯处以绞刑；所有被牵涉到此案中的各级官员，或被发配充军，或被降职调任，或被交由刑部处理，一时不能对其行为定罪处理的官员，等到事情水落石出之后再做处置。

雍正九年五月宣判的当天，所有的案犯全部被押到广州的天字码头当众行刑。直到这时，九命奇冤方才沉冤昭雪。

刺马案背后的暗流

晚清时期，出现了一起震惊朝野的惊天刺杀案。其中的扑朔迷离，迄今仍众说纷纭。这就是曾被平江不肖生用浓墨重笔所书写、被众多影视剧作品所渲染的刺马案。

> 这日他（马新贻）下校场看操的时候，原是乘坐大轿，两旁有八个壮健戈什围护着去的。若下午回衙的时候，还是这般围护着，张文祥的本领虽高，匕首虽利，也不见得便能将马新贻刺死。偏巧马新贻看操看得得意，因回衙门没有几步路，一时高兴起来，要步行回衙。
>
> 他是做制台的人，他既要步行不肯坐轿，谁敢勉强要他坐轿？在他以下的大官，当然都逢迎他的意思，陪着他一同行走。一般小官，都齐齐整整地分立两旁，排成一条甬道，从校场直排到总督衙门的大门口。
>
> 马新贻在四川做知府的时候，身体本来肥大，此时居移气，养移体，益发胖得捱着肚子如五石之瓢了。那时做官的

人,最讲究穿着袍褂踱方步,以为威严。平日闲行几步,尚且要摆出一个样范来。此时满城僚属,都排班在两旁伺候,自然更用得着起双摆了。一面挺起肚皮大摇大摆地走着,一面微微地向两旁的官员点头。哪知道已走近自己衙门了,猛然从身旁跳出一个袍褂整齐的官儿来,迎面打了一个跪,口称给大人请安。安字还不曾说出口,一把雪亮的匕首,已刺进马新贻的大肚皮里面去了,马新贻当下惊得"哎呀"一声,来不及倒地,张文祥已把匕首在肚皮里只一绞,将肚皮绞成一个大窟窿,肠子登时从窟窿里迸了出来。

马新贻认明了张文祥,还喊了一声"拿刺客!"才往后倒。可怜那些陪马新贻同走和站班的官儿,突然遇了这种大变故,没一个不吓得屁滚尿流,有谁真个敢上前拿刺客。只几个武弁的胆量略大,然也慌了手脚,只知道大家口里一片声跟着大喊:拿刺客!究竟也没人敢冒死上前。张文祥从容拔出匕首来,扬着臂膊,在人丛中喊道:"刺客在这里,决不逃跑,用不着你们动手捉拿。"

众人见张文祥没有反抗拒捕之意,方敢围过来动手,将张文祥捉住,马新贻左右的人,已将马新贻抬进了衙门。马新贻双手抓住自己肚皮上的窟窿,向左右心腹人道:"赶快进上房去,将七姨太八姨太用绳索勒死,装在两口箱里,趁今夜沉到江心里去。施星标夫妇,也得即时处死,不可给外人知道。"吩咐了这番话才咽气。

——向恺然《张文祥刺马案》

向恺然（笔名平江不肖生）笔下的这段"刺马"场景描写，端的是惊心动魄，虽然其中的文学渲染味道颇为浓郁，但也恰如其分地反映出了当时那种惊险的场面。

那一天是同治九年七月二十六日，遇刺的马新贻乃两江总督，名副其实的封疆大吏。

消息自南京传到北京后，慈禧太后大为震惊，连忙颁下懿旨，令江宁将军魁玉对刺客张文祥进行严加拷问。同时，又命正在天津处理教案的直隶总督曾国藩火速赶往南京，接任两江总督一职。

然而曾国藩闻听调令，当场向慈禧太后称病，说自己有恙在身，无法前往，希望老佛爷能收回成命，另遣高明。

南京那边，魁玉的审讯也没起到作用，除了得知刺客名为张文祥、祖籍河南外，别的一点也没从其口中套出来。

南京北京的事情都处理得差强人意，50多天的时间便在拖延中过去了。

曾国藩推病拒绝就任，让慈禧太后分外不满，眼见已近十月，案件仍毫无进展，慈禧太后再召曾国藩入京，催促他尽快去接任两江总督之职。

九月二十六日，慈禧太后在养心殿与曾国藩会晤。一番询问下，曾国藩仍以病未痊愈、右眼失明为由推辞。慈禧太后一眼便看出曾国藩其实是在找一个不去上任的借口，便不再客气，直截了当地问他对刺马案的看法。

曾国藩支支吾吾，也没说出个所以然来。慈禧太后说了一句："新贻办事很好。"就为处理此案定下了基调。

见慈禧太后态度坚决，曾国藩也不好再推脱，只得声称马上回寓所整理行装，择日出发。

然而离开养心殿的曾国藩一去十几日仍没有出发的意思，慈禧太后的最后一点耐心也被这个老臣给磨没了。十月九日，她再召曾国藩进宫，当面质问他到底什么时候才能去赴任。

曾国藩此时就想能拖一天是一天，拖到老佛爷忍无可忍另派他人时，也就皆大欢喜了。但慈禧就认准了此事非他不可："江南的事要紧，望你早些去。"语气明显加重了许多。

无奈的曾国藩见没法再拖延下去，只得于十五日起程南下。

曾国藩为何再三推辞慈禧太后的委任？是因为天津教案之事吗？的确，天津教案涉及内政外交以及法律原则，而曾国藩又没有妥善地将此事处理得当，不仅弄得他焦头烂额，而且又遭到了朝野的非议。此际，朝廷让他去南京处理刺马案，恰等于给了他一个脱身的机会，奉命行事，一举两得，又何乐不为？而曾国藩的举动却明显有悖常理。是他害怕自己处理不好这件惊天大案吗？曾国藩到底在害怕什么？

要想弄清这个问题，先让我们看看南京方面历经两个多月时间提交的一个官方解释版本。

刺客张文祥原是太平天国军中一员。轰轰烈烈的太平天国起义被镇压后，张又跟海盗来往甚密。时任浙江巡抚的马新贻大举平定海上盗匪，众多海盗死在他的手中。其中不乏张文祥的死党。对此，张文祥怀恨在心。

恰在此时，张文祥的妻子又与人通奸私奔，张文祥跑到浙江巡抚衙门击鼓鸣冤，希望巡抚大人给他一个公正。然而马新贻对张文祥却不理不睬，压根不想去管这件案子。

已经被马新贻弄得一无所有的张文祥为了糊口，私自开设当铺。而仿佛上天生下马新贻就是来与张文祥作对的：当铺开设后不久，马新贻一纸关闭全省所有私当的禁令让张文祥血本无归。新仇旧恨叠加，家破人亡的张文祥动了杀心。张文祥屡次企图行刺，均未得手，但最后还是抓住机会，结果了马新贻的性命。

乍看之下，南京方面对案情的梳理，对张文祥杀人动机的阐述倒也合理：张文祥在友情、爱情、事业等多方面都受到马新贻的打击，是故动起杀心。

然而慈禧太后却不这么认为。

对海盗进行捕杀是朝廷的行为，马新贻再有势力，也不敢擅自决定杀与不杀；张妻与奸夫私奔，与地方长官何干？就算马新贻把张妻找了回来，张文祥也不见得能再续前缘；私设当铺，早就是朝廷明令禁止的，错本就在张文祥身上，若说马新贻的禁令断了他的财路，让他心有怨恨，倒也合乎逻辑，但谋杀之心历三年之久而不改其志，其决心未免也太大了一些。

疑点重重，慈禧太后不甘心让此案就此稀里糊涂地了结，因为她隐隐约约地感觉到，此案的背后，藏着一个惊天的秘密。当即批示："不足以成信谳。"并下懿旨，让曾国藩再审再报，同时，刑部尚书郑敦谨也须火速赶往南京，与曾国藩一同会审。

然而到了南京之后的曾国藩迟迟未对刺马案进行重新审理。整整两个月间，从未提审过案犯。这究竟又是怎么一回事？

这，还要再来回头看看刺马案的缘起。

道光末年，捻军在江苏、安徽一带作乱，搅得当地鸡犬不宁。为了守护一方平安，更为了保住自己头上的这顶乌纱，大多数地方官都会聘请一位"司捻事"的幕僚专门在此方面为自己出谋划策。此时的马新贻正就任合肥县令，也随波逐流，请了位"司捻事"。他，便是张文祥。

最初，张马二人一见如故，宾主相谈甚欢，两家的女眷也交往密切。然而马新贻却在暗地里与张妻苟且。尽心于公事的张文祥并未察觉。

几年之后，马新贻在剿捻战斗中溃败，被朝廷革职，返回原籍。无路可走的张文祥被迫投身捻军。二人就此分道扬镳。

可谁知道到了咸丰末年，马新贻咸鱼翻身，在安徽巡抚翁同书的引荐之下，东山再起，并于同治三年开始担任浙江巡抚。此时已从捻军脱身的张文祥听说"老东家"再次为官，便巴巴地赶到杭州投靠。由于张有过一段在捻军的不光彩经历，马新贻为了自己的官路，不愿理睬这位曾经相谈甚欢的幕友，但却对张妻不能忘怀。

经过一番私下里的游说，贪慕富贵的张妻跑到了马府当了马新贻的小妾。

这一切，唯有张文祥被蒙在鼓中。

妻子失踪，张文祥遍寻不到，只得报官。但县令早就得到了巡抚的指示，对张的心急火燎视若无睹，压根不予受理。直到数月之后，张文祥才听到风声。

夺妻之仇，对于一个男人来说是莫大的耻辱，张文祥岂能咽下这口气？依照大清律例，杀死奸夫淫妇并不以罪论处，但前提条件是要捉奸在床，其余的则要看奸夫是否承认再行定罪。然而张文祥又怎可能跑到巡抚的卧室里去"捉奸"？他只能静待机会。

数日之后，机会来了。

这天张妻出门,正被整日徘徊在巡抚衙门周边的张文祥遇到,二话不说,当场杀死。

"淫妇"好杀,但除掉身为巡抚、每次出门都前呼后拥的"奸夫"却没那么容易了。直到同治九年七月二十六日,张文祥方才得手。

但仅仅是这个"真相",就能够让曾国藩万分为难吗?未必。

虽然死者的行为不太光彩,虽然年仅50岁就当上两江总督、封疆大吏的马新贻很明显是朝廷大力培养的一颗政治明星,虽然慈禧太后也说过"马新贻办事很好"的话,但也不至于让曾国藩为难。毕竟,曾国藩是奉召行事,是要奉朝廷之命将此案调查个水落石出,至于朝廷怎么去对外声明,那是朝廷的事,与他曾国藩无关。然而,在最后提交的调查报告中,曾国藩仍然沿用了魁玉最初的调查结果,并"请将该犯仍照原拟罪名,比照谋反叛逆凌迟处死,并摘心致祭"。

无论是从最初的拒绝就任,还是从最后的调查结果来看,曾国藩在处理此案上完全丧失了一位"中兴名臣"的风范。这也就说明,此案,并非一场简单的报复杀人,而是有着更深的根源。

其实这个根源说起来很简单,最起码要比上面的那些流传版本简单得多,但就是这个根源,却在触动着清政府的命脉。

根据清代史料中的记载,在太平天国起义的十年中,洪秀全敛取了无数的金银珠宝,聚藏于南京。南京被曾国藩的湘军攻破之后,收缴了全部金银,但曾国藩向朝廷上缴的数额却非常少。这也便牵扯出了太平天国宝藏何在的一个历史谜团。

慈禧太后看到这些远远小于预计数量的金银,当下便对其余财宝的去向起了疑心，于是便将曾国藩调往江宁，升马新贻为两江总督。在马新贻就任之前，慈禧曾秘密召见他，要他去调查太平天国财物的去向，同时要他秘密地对湘军的财政状况展开调查。

就当马新贻已经发现了财宝去向的蛛丝马迹之后，刺马案突然发生……

无论历史的真相如何，马新贻的死，造成了一个深远的影响。

此案让湘系军阀与清政府之间的矛盾进一步激化，慈禧太后加大了对湘系军阀的打击力度，并加快了裁减湘军的脚步，这一举动，让依赖于湘军兵力、财力而建立、维持的东南海防日益废弛。用后半生全力打造海防的李鸿章在晚年之时曾经对心腹之人叹道："若非马案，则裁（湘）兵日紧，终致海防日废，列强日盛，战祸不断，则国运日衰也。"

官斗的牺牲品

杨乃武与小白菜之案，案件其实很简单，小白菜的丈夫身亡，县令刘锡彤认为是小白菜与举人杨乃武通奸而谋杀亲夫。酷刑之下，小白菜与杨乃武屈打成招，被定为死罪。

杨乃武的家人不服，一路上告，但官官相护，30多次的上告之路无一成果。杨乃武的姐姐两次入京，终于得到了慈禧太后的重视，一道懿旨下达，杨乃武和小白菜的冤情方告平反。而最重要的后果是，100多名官员被摘掉顶戴花翎，永不续用。浙江的大小官员，等于进行了一次大换血。

小白菜一介平民，杨乃武也不过是一个毫无实权的举子，其案件冤与不冤，在封建时代并不是什么大事，但为何引发了浙江省官场上的一场大地震？

本案发生于同治十二年十月的浙江省余杭县仓前镇。小白菜闺名秀姑，本姓毕，因长得清秀，又偏爱穿一身绿衣衫，便被乡里街坊们称呼为"小白菜"，久而久之，反倒把她的真名给忘了。

同治十年，小白菜嫁与葛品连为妻，由于双方家境贫寒，没有闲房，便租了一家境殷实的举人之房居住。这位举人便是杨乃武。

由于葛品连以卖豆腐为生，每天半夜便要起床做豆腐，因此常常住在豆腐坊中，十天半个月才回家一次，而闲来无事的小白菜则时常向举人出身的杨乃武求教读书识字，有时还在杨家一同吃饭。这倒也无妨，毕竟杨乃武之妻大杨詹氏也在身边，流传不出什么绯闻来。同治十一年九月，杨乃武之妻大杨詹氏因难产而去世，而小白菜和杨乃武之间仍旧"同食教经"，这就等于为街头巷陌提供了谈资。久而久之，流言蜚语便流传开来。

即使葛品连久不在家，但并不妨碍这些流言传到他的耳朵之中；再加上生意不好，拖欠了杨家几个月的房租，葛品连便决定与小白菜一同搬到表弟家。

搬出杨家的小白菜，再未与杨乃武有过联系。

同治十二年十月初七，葛品连突发重病，有流火症状（即丹毒，以皮肤突然发红，色如涂丹为主要表现的急性感染性疾病），小白菜苦劝其休息，葛品连不听仍旧抱病上工，谁知病情益发严重。即使服下小白菜买来的东洋参和桂圆后，也不见好转，反而在初九下午气绝身亡。从发病到亡故，仅仅两天时间。入殓之时尸体正常，毫无异样。

此际正值江南十月，依旧秋热逼人，葛品连身体肥胖，初十夜间尸体口鼻内有淡血水流出。守灵之人见此异状，再兼之葛尸脸色发青，便起了疑心，暗地里告上官府。

经过一番盘问，余杭知县刘锡彤没有从小白菜口中得到一点对葛品连死因有价值的信息，只得进行验尸。

大清律例中对验尸有着严格的规定，州县官必须亲自前往受害者被害现场或者发现尸体的地方及时验尸。如果因故意延误而导致尸体发生腐败等变化，对验尸的结论造成影响，则州县官将要被处以杖刑六十的责罚。如果是本州县的负责官员因公外出，那么附近州县的县官就有义务代其验尸。没有正当理由而表示拒绝的，降官三级。

当刘锡彤带着门丁沈彩泉和仵作沈祥前去对葛品连的尸体进行检验时，葛尸已经停放了数日，在炎热的天气里变得肿胀不堪：口鼻流出血水，尸僵已经化解，双手的指甲和双足的趾甲显示出暗灰色。缺乏专业素质的仵作沈祥压根不懂得验尸的基本常识。略懂法医学知识的人都知道，口鼻内流出的血水，实际上是因尸体腐烂导致尸体内部气体膨胀，将血水通过口鼻挤出。而沈祥却认为是"七窍流血"，并堂而皇之地写进了"验尸报告"中。暗灰色的指甲和趾甲，实际上也是因躯体的死亡、新陈代谢的终止而导致血液凝固于肢体末端，在外表上看起来呈暗灰色，属于正常的死亡现象，但沈祥却将之写成了意义大不相同的"青黑色"。更为荒谬的是，一个余杭县衙的门丁居然也参与验尸，并且根据他所谓的"个人经验"，为葛品连之死做出了砒霜中毒的结论。

既然"死因"已明，那么下面的工作就是要寻找能够证明这一点的证据，形成一个完成的证据链。首先所必需的就是犯罪嫌疑人的供词。在刘锡彤对案件的认识里，小白菜就是毒害亲夫的凶手，于是便直截了当就问她毒从何来。

并没有下毒的小白菜自然无法回答这一问题。讯问无果的刘锡彤使出了最后的手段——严刑逼供。当时的《申报》曾记载道，小白菜被"烧红铁丝刺乳，锡龙灌水浇背"，其残忍度可见一斑。

如此酷刑，即便是一个虎背熊腰的九尺男儿也无法忍受，更何况是一个文弱的女子？屈打之下，小白菜成招，并顺着刘锡彤的意思把杨乃武"交代"出来。

尽管有包括作案时间、买药地点在内的重重疑点，但刘锡彤还是认定了杨乃武为主谋。为了尽快把这个案子定为死案，刘锡彤将案件上报到杭州知府衙门，请求将杨乃武的举人功名革去，当然，所有对杨乃武有利的证据，刘锡彤一概没有上交。

失去了举人功名的杨乃武在杭州知府陈鲁的酷刑之下屈打成招，承认自己购买了砒霜交给小白菜用以毒杀葛品连。一条完美的证据链就此形成，

同治十一年十一月初六，杭州府陈鲁下达了判决：小白菜为通奸而谋杀亲夫，按律当凌迟处死；杨乃武指使他人谋害亲夫，按律判处斩立决。

判决一层层地上报，其中的冤情始终没有被各级官员揭露出来。同治十二年十二月二十日，判决上报给了朝廷。

在接到案件汇报、请求核准死刑的同时，朝廷也收到了杨乃武之姐杨菊贞历尽千辛万苦、百般周折送来的诉状。

面对这两份完全相反的案件陈述材料，朝廷也备受压力。一方面是朝廷官员的颜面，另一方面是天下士子之心——帝师夏同善曾就此案对两宫皇太后（慈安、慈禧）说过："此案如不究明实情，浙江将无一人读书上进。"朝廷内部也是对此分歧不下。

这时，红顶商人胡雪岩的参与，为本案提供了重大的转折点。

杨菊贞第二次进京时，偶遇胡雪岩，并向他倾诉了本案的来龙去脉，博得了胡雪岩的同情。胡雪岩动用自己在政界的影响力，取

得刑部侍郎袁保恒、大学士翁同龢等人的支持,向两宫太后陈诉冤情,要求将杨乃武、小白菜一案提京复审。

翁同龢等朝中肱股的奏请,引起了慈禧太后的重视。但她仍有些犹豫,不愿轻易更改地方官吏承办的要案。最后,在各级官员不断地奏请之中,慈禧太后方才下定决心,连发十三道重审的谕旨,将此案提京复审。

光绪二年十二月九日,时隔三年多的案件终于水落石出:在北京海会寺公开开棺验尸的刑部得出最终结论:葛品连遗骸上的大小骨殖成黄白色,并非中毒而死。

真相大白,但案件之余波才刚刚开始。相对于杨乃武与小白菜的冤情来说,这个余波才是对大清朝野最具有冲击力的滔天波澜。

太平天国之后,地方督抚坐大,死刑裁判权也由中央下落到地方。朝廷想借此案之机,收回死刑裁判权,"以伸大法于天下,以垂炯戒于将来。庶大小臣工知所恐惧,而朝廷之纪纲为之一振",借此重建朝廷威信。翁同龢此前曾对恭亲王如此说道:"冲龄之至,太后垂帘,是所谓孤儿寡母的局面,弱干强枝,尾大不掉,往往由此而起。征诸往史,斑斑可考。王爷身当重任,岂可不为朝廷立威?"

然而地方上却不会轻易将此生杀大权放手,是故慈禧太后需要发十三道谕旨才能提审此案。

案件虽然已经明了,但在如何处理各级办案官员的问题上,朝廷之内发生了巨大的分歧。以大学士翁同龢为首的江浙派要求严惩此案中草菅人命的官员;而以四川总督丁宝桢为首的两湖派则认为不能为了区区两个平头百姓而引发官场上的地震。两派各执一词,互不相让，直到光绪三年二月十日，刑部才将平反的奏疏上报于朝廷。

对于杨乃武、小白菜来说，能够被平反昭雪无疑是极大的幸运，但其实他们这个案子只是民间一个不足为奇的小案而已，几条草民的性命在封建社会根本不足称道，之所以能够平反昭雪，实际上是政治斗争的结果。

出狱后的杨乃武曾经想去拜谢在此案中为他申冤的大小官员，但出面见他的只有寥寥几人。毕竟这场斗争并不是为了一个小小的举人。要知道，参与审判此案的大多数是湖南籍官员，而这些官员中的大多数又是由左宗棠一手提拔的。作为晚清中兴四大名臣之一，左宗棠在朝中的影响力任何人都不敢小觑。对于此案中官吏的处理，朝廷只是采用了革职的方式，而没有依照大清律例予以量刑处罪，这足以证明此案并不是一个简单的刑事案件。

左宗棠隶属于曾国藩手下的湘军。也就是说，当时涉及这个案子的官吏，实际上都是曾国藩的湘系军阀。更进一步地说，是湘系军阀在控制浙江省。而且，镇压太平天国起义中，湘军所做出的贡献最大，也就形成了尾大不掉之势。对于朝廷来说，这是一个严重的问题。如果曾国藩想要借此势力选择称帝的话，即使不能够完全推翻清朝统治，也可以做到划江而治，与清朝分庭抗礼。

对清政府来说，除掉这个隐患才是根本。恰在此时发生了杨乃武与小白菜的案子，朝廷正好抓住这个契机，对湘系军阀的势力进行打压。因为此案，100多官员的顶戴花翎被褫夺，被革职永不叙用，实际上就是为了压制曾国藩和他的湘系军阀。

杨乃武与小白菜的案子在慈禧太后的干涉下得到昭雪，100多顶乌纱在余波之中砰然落地。一个简单的民间案件，引发了浙江省官场的地震，地震之后暴露于天下的，则是晚清政府那错综复杂的派系斗争。

名伶杨月楼风月案

杨月楼，同治、光绪年间红遍京沪两地的京剧名角，其盟弟即谭派京剧艺术的创始人谭鑫培，其子即为京剧武生宗师，与梅兰芳、余叔岩并称为"三贤"的杨小楼。

杨月楼名声虽响，但绰号不雅——杨猴子。世人以为，因其善演猴戏，尤其是把孙悟空这个角色刻画得入木三分，因此得名。殊不知，在这个绰号的背后，却有着一段诡谲离奇的冤案。

同治十一年年初，杨月楼被重金礼聘到上海租界的金桂园进行演出。一时之间，盛况空前。金桂园的火爆程度远超位于同一地点的最大竞争对手丹桂园。

在金桂园中，杨月楼演出的是一个讲述男女情事的剧目，名为《梵王宫》，精彩程度非同一般，连演三天仍火爆异常。

《梵王宫》连演了三天，有一对原籍广东、闲居上海的富商妻女就看了三天。

女儿闺名韦阿宝，年方十七，正是青春年华，春心初萌。连看了三天的戏，让她对杨月楼情愫暗生，当即也不顾什么封建礼教的父母之命、媒妁之言，偷偷写了一封情真意切的情书，"细述思慕意，欲订嫁婚约"，并附带一张庚帖，托乳母王氏传给杨月楼，约其相见。

接到情书之后的杨月楼"既惊且疑"，不敢赴约。在当时的社会环境下，他不得不做出这种选择。

晚清之时的上海是一座极为特殊的城市，在各种不平等条约的逼迫下，开埠并设立租界的上海滩，成为了西方人在华的天堂。随着西方人的涌入，西方的商业贸易与文化艺术也相应地在改变着这座海边之城。外滩的十里洋场，显得比帝都北京都更加热闹与繁华。

已经将西方文化融入自身文化中的上海，传统的社会身份和特权地位已不再重要，上下尊卑的等级关系也随之而大为松弛，延续了数千年的封建礼教思想，在西方文化的冲击下渐渐退出主导地位。

韦阿宝之父乃当时广东的一名买办，家境豪富。久在上海居住的韦阿宝对西洋文化耳濡目染，所受到的影响颇深，因此写出这样一封与传统礼教大相径庭的情书也就不足为奇。

然而出生长大于皇城根下的杨月楼却依然恪守着封建信条。

千百年来的传统中国，士农工商这种身份等级观念划分明确，贵贱高低，并不是由财富来决定的。虽然杨月楼是梨园中的名角，收入自然也不低，但依照当时的社会身份结构，戏子或者说是优伶属于贱籍，连最普通的良民都不如。同时传统中有个不成文的规定：良贱不许通婚。对此，杨月楼自是十分清楚。

杨月楼碍于封建礼教的桎梏不敢赴约，为情所困的韦阿宝一病不起，日渐沉疴。

韦父常年在外经商，三年五载也到不了上海一趟，韦阿宝之事只能由其母亲做主。经过慢慢询问，韦母得知了韦阿宝生病的原委。而且，韦母对杨月楼也颇有好感，便遂了女儿的心事，再请乳母王氏托话给杨月楼，要他"延媒妁以求婚"。

让男方请媒人上门提亲，这倒是满足封建社会对婚配条件的要求。杨月楼也对韦家千金颇有好感。杨月楼之母听说这件事之后，自北京赶到上海，开始"请媒妁，具婚书"，下聘礼，订婚事，一切都按照传统礼教的要求有条不紊地进行，并开始准备婚事。

然而，韦阿宝的叔父却坚决不同意这门亲事。他认为杨月楼身为贱籍，不能与富家千金通婚，逼迫韦母退婚，以免侮辱了自家的门户。

但韦阿宝心意已定，杨家的聘礼已下，婚期也已定好，此时再行退婚，与礼不合，况且也等于是强拆了一对鸳鸯。

毕竟叔父还是韦家的人，如不遵从他的意见，这门亲事无法顺利达成。因此，韦母便秘密地私会杨月楼，提出了一个特殊的结婚方式——抢婚，即让乳母王氏在结婚当日的黄昏时分，将韦阿宝悄悄地送到杨月楼布置好的新房里，以此来瞒过韦家叔父，即使事后他得知，也已是生米煮成了熟饭。

可惜的是，虽然计划周密，但还是走漏了风声。

韦家叔父听说了"抢婚"计划后，当即同一些在沪广东籍的乡党士绅，以"拐盗"的罪名将杨月楼告上了衙门。是故，当杨韦二人在新居内举行婚礼仪式之时，衙门中的差役和巡捕"及时"赶到，将二人捆绑捉拿，并查缴了韦氏母女所带来的价值4000多两白银的七箱衣物首饰。

按照大清律例规定，贱籍之人要是娶良家女子为妻，则强行要求其离异，同时还要加以杖刑八十的处罚。如果是娼优乐人的话，则罪加一等，杖刑一百。虽说当时的上海风气比较开放，而且自道光年间以后，良贱通婚的事倒也不算罕见，一般的地方官对这种事倒也不以为意，睁一只眼闭一只眼地也就过去了。然而，杨月楼与韦阿宝，却注定是一场命运的悲剧。

负责审理此案的上海知县叶廷眷恰恰是韦家的同乡，广东香山人，在韦家叔父的委托下，对杨月楼施以重刑，"敲打其胫骨百五"，又因为韦阿宝当庭说出了"嫁鸡遂（随）鸡，决无异志"的话，而被"批掌女嘴二百"，之后将其收押在监，等韦父回来之后再行判决。

此案一出，天下大哗。杨月楼乃是南北皆知的名角，犯了如此风流案，加之此案涉及贱良通婚这样的敏感之事，怎不引起天下注目？尤其是《申报》在案发后的一个月内连发30多篇文章，各路人士对杨韦婚姻正当性的评价、韦商乡党公讼于官是否合宜及县令严刑重惩是否公正等展开激烈的争论，从各种角度、用各种观点对本案进行评述，更使得此案变得扑朔迷离。

时隔不久，韦父终于返回上海，虽然他不满弟弟对这件婚事的处理方式，但也抱定了良贱不能通婚的原则，当场表示不再认韦阿宝这个女儿，任凭官府对其发落，绝无二意。韦母看到丈夫竟是如此决绝的态度，悲愤交加下撒手人寰。

同治十三年，叶廷眷对此案做出了判决：韦阿宝交付官媒，由官府负责将她嫁出去；杨月楼判为"拐盗"罪，再追加五百刑杖，发配到黑龙江充军；负责为杨韦二人牵线搭桥的乳母王氏则掌嘴二百，带上枷锁游街示众。虽然后来知府、行省对此案进行了复审，杨月楼也推翻了在屈打成招之下所做的供词，但终逃不开官官相护的潜规则，无论哪级官府，都对此案维持了原判。

此时的杨月楼可以说是到了人生最黑暗的时候，母亲远在北京，且年事已高，不便南下；一直站在自己这边的岳母撒手人寰；妻子也不知被官府嫁往何处，自己在整个大上海举目无亲。幸好此际一位一直对他心存爱慕的女说书艺人沈月春不惜代价对他进行接济，打通监狱守卫，让他少吃了不少苦头。

同治十四年，杨月楼的这桩"风月"案一路上报与刑部，对此，刑部也未加深入地调查，依照原判，将杨月楼发配往黑龙江充军。

正在此时，峰回路转。

这一年恰好是慈禧太后四十岁的生日。为了博取民心，宣布大赦天下，即非重刑犯者一律赦免其罪。是故，杨月楼也便侥幸逃出牢笼。由于杨月楼是因为慈禧太后大赦天下才获得自由的，所以罪名始终背在身上。出狱后的杨月楼一怒之下，将艺名改为杨猴子，意思是说一个戏子就像是被人耍着玩的猴子，谁都可以欺负羞辱。此举，表达了这位京剧大师对封建等级划分的无声抗议。

第七章

洋务运动：未富未强先破产

两江总督曾国藩的一封奏折,掀开了洋务运动的浪潮。君臣的一致努力,让大清以为见到了中兴的曙光。然而,在封建制度不变的前提下,洋务运动只能是一场幻梦而已,北洋水师的组建与覆灭,恰恰证明了这一点。

洋务运动的兴起

外国资本主义在两次鸦片战争以后,不断加紧了经济上、政治上对清政府的控制,致使清朝统治机构的半殖民地化程度日渐加深。后来,清朝统治集团内部逐渐有一些官僚开始与洋人、洋事务打交道。这些与洋务关系密切的人,逐渐形成了一个派别,而且比较有权有势,被称为洋务派。他们深知西方列强"船坚炮利",于是便积极主张多多引进西方的科学技术,仿造西方船炮枪弹,运用西式方法来训练部队等。总之,洋务派要将他们学习西方的主张全部转化为实践,从而掀起了一场有声有色、长达数十年之久的洋务运动。

洋务派兴办洋务的指导思想很明确,即"中学为体,西学为用",他们认为,西方的政治制度比不上中国,只是中国的火器比不上西方列强,只要清王朝掌握了西方的近代军事技术和装备,便可以重振国威,扬名于世。

兴办企业

从19世纪60年代开始,洋务派以"自强"为口号,依照西方资本主义国家的方法来研制新式枪炮和船舰，兴办了一批军事工业企业。其中规模较大的军工厂主要有：

江南制造总局。同治四年（1865年），在曾国藩支持下由李鸿章在上海建立。总局购买了美国旗记机器铁厂和苏州制炮局的部分机器，同时又委派容闳从美国购进一部分机器，综合构成该局的生产设备。创办经费为54万余两白银，以后又投入很多经费。拥有工人两千余人，在洋务派创办的军工企业中，规模最大。主要是生产枪炮、弹药、水雷和小型船舰。该局还附设译书馆，翻译西文书籍。

金陵机器局。同治四年（1865年），李鸿章署理两江总督时，把他在苏州创办的洋炮局迁到南京并加以改造扩建而成。主要生产枪支、火炮，为淮系军阀供应军火。

福州船政局。同治五年（1866年），左宗棠在福州闽江马尾山下设立该局，也称马尾造船厂。该局以47万两白银起家，是洋务派创办的规模最大、设备最齐全的轮船修造厂。该厂还附设船政学堂，专门教授英语、法语、算法和画法，为驾驶轮船和造船培养专门人才。该局系南洋水师的基地。

天津机器局。这是同治六年（1867年），崇厚在天津筹建的，英国人密妥士任总管，从国外购买机器，制造火药，虽耗资巨大但成效不佳。同治九年（1870年）李鸿章调任直隶总督时接管了该厂，招募洋匠，添置设备，扩大规模，使该局有了一些起色。随后又扩大规模，分为东、西两局。东局设在天津城外东南方的贾家沽，西局设在天津城南海光寺。主要生产弹药、水雷、炮架、洋枪等。

19世纪70年代以后，洋务运动的重点转向兴办民用工业企业，但军事工业的扩展却丝毫未放松，许多省份相继兴办了小型军工企业。此外，张之洞于光绪十七年（1891年），在汉阳创办了湖北枪炮厂，这是洋务运动后期兴办的最大的军火工厂。

上述军工企业性质都属于官办，严格地控制在清政府和湘、淮系等军阀集团手中，绝对不允许商民插手和仿办。这些企业的性质和特点主要有以下三个方面：

其一，具有浓厚的封建性。这些企业完全采用官办的形式，由官款拨充各局、厂的创办经费和巨额的常年开支，具体讲，是由军饷中拨出一部分或从税收中支付。企业管理机构按照封建衙门组建官僚机构。工人大多来自清军士兵，各局、厂的管理制度仍采用封建军队式的，对工人"以兵法部勒"，以"武弁"统领。企业生产的产品由清廷直接调拨给军队，不在市场上出售。企业既不计算成本，不负盈亏，更没有从利润转化而来的资金积累。所以，它是官府控制、垄断下的具有浓厚封建气息的近代企业。

其二，依赖性和买办性的特色很明显。这些军工企业从设计施工、购置机器设备、生产技术，直到原料供应，没有一样不依赖外国。当然，在当时的历史条件下这些也是无法避免的，但关键在于这些企业长期都是在外国人的操纵之下。例如以李鸿章为首的淮系军阀所创办的军工企业主要操纵在英国人手中，左宗棠的湘系集团兴办的军工企业被法国人所控制。外国资本家还通过洋务派推销国内早已落后的或者淘汰的设备和器材。一些洋务派官僚在采办经营过程中乘机贪污受贿或扩充个人势力。可谓是名为"自强"，实则封建军阀趁机各自扩充本派的实力。

其三，其中也包含一定的资本主义因素。这些军工企业采用了在当时的中国还算比较先进的大机器生产，集中了一批出卖劳动力的工人，形成了资本主义形式的阶级关系。企业的产品虽不面向市场，但其本身具有部分的商品属性，从某种意义上说也受价值规律的支配。所以说，这些军工企业中间包含有一定的资本主义因素。

洋务派从19世纪70年代到90年代，在兴办军工企业的基础上，又打出"求富"的招牌，开始大量兴办民用工业企业。洋务派从19世纪70年代起大办民用企业主要有两个原因：首先是他们在创办军工企业的实践中遇到一些困难，比如资金奇缺、原材料供给不足和运输落后等，加上经办人员极度的挥霍浪费而使企业难以维持，使他们认识到"必先求富而后能强"。也就是说必须通过大力发展民用工业企业来积累资金，打下雄厚的经济基础，才能辅助军工企业的发展。再者，他们想通过兴办民用企业来抑制洋商倾销洋货和列强的经济掠夺。洋务派代表人物在奏章、书信、谈话中都表示过要"稍分洋商之利""欲收已失之利还之于民"等想法。

自19世纪70年代到90年代的20余年间，洋务派创办了20多个民用企业，涉及交通运输、采矿、纺织、冶炼等行业，规模较大的有以下几个：

上海轮船招商局。同治十一年（1872年）由李鸿章在上海创立。这是近代中国第一家轮船航运公司，也是洋务派兴办的第一个民用企业，形式为官督商办。当时，李鸿章上奏获准后，清廷拨直隶练饷局制钱22万串，折合白银13.3万两作为股本，委托沙船富商朱其昂、朱其绍兄弟在上海设局筹集商股创办。初期仅有轮船三艘，到光绪三年（1877年）已有大小船共30艘，在各口岸设27处分局。该局在经营过程中遭到英、美轮船公司的不断排挤,在极其困难的情况下,它不仅没有被挤垮,而且蓬勃发展,是民用企业中最有成就的一个。

开平矿务局。光绪四年(1878年)由李鸿章在天津创设。最初由李鸿章派唐廷枢在天津计划创立开平矿务局,目的是开采唐山煤矿。原拟官办,后因清廷财政困难,改为官督商办。光绪七年(1881年)开始开采出煤,每天的产量达五百至六百吨。由于该矿设备优良,煤矿储量大,煤质好,产量逐年增加。除供应轮船招商局、天津机器局、北洋海军用煤外,还在市场上大量出售,在天津很好地抑制了洋煤进口。

上海机器织布局。这是李鸿章于光绪八年(1882年)派人收集商股在上海筹办的,是近代中国第一家机器棉纺织厂,于光绪十六年(1890年)投产。资本来源于公款和商股,股资由50万两逐渐增至100万两。从英、美两国购置了纺织机械,包括轧花、纺纱、织布一整套设备,共有3.5万枚纺锭,布机达530台。经营兴盛,利润很高。光绪十九年(1893年)由于失火而被毁灭殆尽。不久李鸿章派盛宣怀重新建厂,更名为华盛纺织厂,性质仍是官督商办。

电报总局。光绪五年(1879年),李鸿章为了军事上的需要而在大沽炮台至天津之间试设电报,试验成功。光绪六年(1880年),李鸿章在天津设立电报局,任命盛宣怀为总办。第二年就开始铺设天津到上海的线路,年内竣工。这是中国第一条长途通信线路。同时,在紫竹林、大沽口、济宁、清江、镇江、苏州、上海等地分设七个分局。光绪八年至十年(1882—1884年),上海至南京、南京至武汉的电线相继架设完毕。光绪八年（1882年），因官款不足，电报总局又吸纳商股和民资，改为官督商办。

铁路交通运输业。光绪元年至二年（1875～1876年），英国人在上海至吴淞段修筑了铁路，全长三十六华里，从此中国便有了铁路。后因机车轧死一人，清廷要求司机偿命，并派李鸿章到上海进行谈判。愚昧的清政府出28万两白银购回铁路、机车，然后把机车抛入江中，铁轨、车辆被弃置在海滩，后来全部烂掉了。此后清政府内部争论了许多年铁路问题。开平矿务局于光绪六年（1880年）修筑了唐山到胥各庄的铁路，总长十一公里，用以运煤，这是中国近代史上自办的第一条铁路。这条铁路后来又延长到天津，又从唐山延至山海关。光绪十三年（1887年），台湾修筑了从基隆到台北的铁路，后又把铁路延长到新竹。从此中国的铁路事业逐渐发展起来。

洋务派接着又创办了台湾基隆煤矿、黑龙江漠河金矿、兰州机器织布局、汉阳铁厂、湖北织布局等民用企业。

这些民用企业大致上分三种经营方式，即官办、官督商办、官商合办，其中官督商办的方式占主导地位。这是因为清廷缺乏资金，不得不利用社会上现有的私人资本，以解决经费来源。而拥有货币财富的买办、商人为获取最大利润，也企图在官府的保护下更加顺利地经营企业。二者便自愿结合起来，产生了官督商办这种形式的近代企业，并且一直延续到19世纪80年代。之后官督商办的形式逐渐被官商合办所代替。官商合办也就是官、商各认股份，拥有各自的权利义务，共同经营管理企业。但是由于这种经营管理存在很多弊病，企业仍处于清政府控制之下，企业的正常发展还是遇到了很大阻碍。

民用工业企业的性质和特点主要具有以下几个方面：

第一，民用企业总体上属于资本主义性质，但仍带有明显的封建性。这些企业的资金，主要是由官僚、买办、商人以私人入股的形式筹集的。企业中雇用了大批工人，这些工人以出卖劳动力为生，与企业的主人是资本主义的阶级关系。企业的产品大部分都投放市场，经营的目的是最大限度地盈利。所以这种企业是具有资本主义性质的企业。但是，在洋务派官僚的控制下，这些企业在经营管理上又带有浓厚的封建性，其管理机构实为封建官府衙门的翻版。在企业中不仅由官府来决定一切，而且亏损总要由商股承担，并且官府还经常向企业进行勒索，商人被迫向封建统治者"报效"。

其二，洋务派把持下的民用企业具有垄断性，压制了民族资本主义的发展。洋务派不仅对民间发展近代工业从不给予鼓励，反而处处进行阻挠，严禁民间人士自办企业，对民用企业实行封建垄断。例如，李鸿章创办上海机器织布局后，就奏准获得10年专利权，10年之内不许商人另设新厂。福建轮船招商局设立后，李鸿章也多次阻挠广东、上海等地商人创办新的轮船公司。

其三，民用企业对外国资本主义存在很大的依赖性，并且在经营管理上极为腐败。虽然民用企业与外国资本主义势力的利益存在冲突，甚至有尖锐矛盾，但它们在很大程度上依赖着外国资本主义。同军工企业一样，它们在机器设备上、技术上、资金上依赖外国，有的几乎完全由外国侵略者操纵、控制。由于企业经营管理存在很多腐败现象，因而成为官僚买办营私舞弊的场所，最终由于官吏中饱私囊，而使大多数企业亏损非常严重。

但是洋务派兴立的民用工业企业归根到底还是中国近代史上比较先进的资本主义性质的企业，它在一定程度上推动了社会经济的发展。首先，这些新式工业企业规模较大，并开始使用大机器生产，开创了近代工业企业经营管理的新格局，奠定了中国资本主义近代工业基础。当然，这个基础比较薄弱。其次，民用企业生产的产品目的是要投放市场，这不仅扩大了资本主义商品经济的影响，而且其中一些产品还抵制了洋商洋货。再次，民用企业同军工企业一样，引进西方先进的科学技术，培养了一批工程技术人才和一批近代产业工人，积累了大量技术资料，传播了近代科技知识，对中国资本主义工业的发展起了积极的促进作用。

加强海军建设，倡导西学

在兴办军工、民用企业的同时，洋务派还筹建了海军，加强海防建设，设立外文学馆，派遣留学生到国外学习先进科技。

从19世纪60年代开始，由于列强疯狂侵略我国邻邦和边疆地区，导致边疆地区出现了普遍危机。同治十三年（1874年），在美国的怂恿和支持下，日本出兵侵略我国台湾，东南沿海局势变得非常紧张。光绪元年（1875年），两江总督沈葆桢、直隶总督李鸿章等人上奏请求筹建北洋、南洋和粤洋三支海军。经总理衙门核准，每年调拨海关银四百万两来资助筹办海军，计划10年之内建成。光绪十年（1884年），三洋海军已初步建成。北洋海军归北洋大臣管辖，拥有15艘船舰，负责防卫山东、直隶、奉天海域；南洋海军属南洋大臣统辖，拥有17艘船舰，负责江浙海域的安全；福建海军由福建船政大臣管辖，拥有11艘船舰，防卫闽粤海域。在中法战争中，经过马尾之战后，福建水师几乎全军覆没。清政府在光绪十一年（1885年）又增设海军衙门，统理海军、海防事宜，任命醇亲王奕譞为总理海军大臣，而会办李鸿章却掌握着实权。此后，李鸿章趁机扩充由他所统领的北洋海军，任用淮系将领丁汝昌为水师提督，扩充舰只到22艘，成为海军中实力最强的舰队。此间，为逢迎讨好西太后，奕譞、李鸿章等人不惜挪用海军经费修建颐和园。光绪十四年（1888年）以后，海军不再增加船舰及其他装备，军纪越发涣散，派系斗争严重，内部矛盾加剧。

洋务运动有一项重大贡献，那就是设立各种学馆，派遣留洋学生。为了培养精通外语和熟谙洋务的人才，洋务派积极筹划设立各级各类学馆、学堂。咸丰十一年（1861年），奕䜣奏请设立京师同文馆，第二年该馆正式成立，以教授外文为主，同时也开设了天文、历史和数理化等课程。此后，广州、上海等地也纷纷效仿，成立学馆。光绪六年（1880年），李鸿章奏请设立天津水师学堂，光绪八年又设一分馆，定名为管轮学堂。水师学堂学生学习天文地理、几何代数、平弧三角、驾驶御风、测量演放鱼雷等项。管轮学堂学生学习算学几何、三角代数、物力汽理、机器画法、机器实艺、修造鱼雷等课程。光绪十一年（1885年），李鸿章还在天津创办了武备学堂，专门用来轮流培训淮军及北洋各军军官，并聘请德国军官李宝等对官兵进行德国式操练，以提高各军能力。据保守统计，到光绪二十一年（1895年），洋务派共创办大约20余所外语和各类工业技术学堂。许多军工或民用企业还附设翻译馆，用来讲习、翻译外国书籍。

同治九年（1870年），在中国近代第一个留学生容闳的建议下,曾国藩奏请派遣留学生出国,清廷批准了此事。同治十一年(1872年),中国第一批学生从上海出发赴美留学。到光绪元年(1875年),共派遣120名留学生。此后赴外国留学人员还在不断增加。例如,李鸿章在筹办海防的过程中,感到船舶与驾驶人才奇缺,便于光绪二年(1876年)奏请派福州船政局附设学堂的18名学生赴法国学习制造轮船,另外又派12名学生赴英国学习驾驶。福州船政局先后派出众多留学生,其中有许多在国外深造成才的,如严复、刘步蟾、林永生、萨镇冰等,他们后来均成为海军中的优秀教官和将领。李鸿章在筹办海防的同时,也对陆防进行了一番整顿,光绪二年(1876年)曾选拔一批年轻的中下级军官卞长胜等七人赴德国学习陆军的有关军事技术。他们于光绪五年(1879年)学成归国,按照德国操法训练军队,大大提高了将士的军事技术。

总体上讲,在30余年间,洋务派相继创办了几十个近代化的军工、民用企业,组建了近代化的海军,并成立了传播西学的学堂。在世界资本主义势力频繁入侵,商战、兵战蜂拥而至,民族危机日渐加深的形势下,这些做法无疑是进步的,有重大意义。洋务派引进了西方的生产技术和设备,并且引进了先进的生产力,创办了许多近代工业企业,这一系列的活动都不自觉地促进了资本主义生产关系的产生和发展。这就使古老的中国的生产方式发生了一些深刻变革,开始用大机器生产来逐渐取代家庭手工业和小作坊生产,改变了几千年来一直沿袭的封建经济结构。所以从客观上讲,洋务运动成为中国资本主义近代化的起点。

当然,洋务派学习和利用西方先进的科学技术,兴办近代工业企业的根本目的是拯救和维护清朝封建统治,他们主观上并不是要触动封建主义的体制和根基,而是企图对西方近代科技进行移花接木,以使中国封建体制适应正在发生剧烈变化的国内外形势。但事实上,洋务派不仅创办了中国第一批近代工业企业,而且冲击了封建思想文化的堤坝,使其产生了一个缺口,为西学的进一步传入创造了良好条件。

洋务运动事实上没有,而且也不可能把中国改变成为西方列强那样的资本主义国家,更没有达到其"自强求富"的理想目标。当时就有人评论洋务派是"一手欲取新器,而一手仍握旧物",只"新其貌,而不新其心"。他们从未打算改变腐朽的封建社会制度,在"中学为体,西学为用"方针的指导下来进行洋务活动,其结果必然是经营管理腐败。有许多官员徇私舞弊,贪污受贿,中饱私囊,任人唯亲,冗工滥食。许多重要企业甚至成为封建军阀集团争权夺势、扩张割据势力的资本。

清末出国热

1847年，一艘去往美国的轮船上，三位不满20岁的中国青年容闳、黄宽及黄胜跟随美国教育家勃朗牧师赴美留学。他们十分清楚当前大清朝积贫积弱、摇摇欲坠的紧迫形势。因此他们怀着一颗扶大厦之将倾的雄心壮志前往就学。虽然最终只有容闳一人留在美国升学，但他回国后却做出了骄人的成就，被誉为"中国留学生之父"。

1854年冬，容闳学成回到祖国，国内那些黑暗的现实却使他感到无限苦闷、彷徨和焦虑不安。他一度想通过"雄厚之财力"创办实业的方式来挽救国家于危难之中，但不久便发现自己既然"志在维新，自宜大处落墨，若仅仅贸迁有无，事业终等于捞月"，于是决计弃商从政。

容闳在曾国藩、丁日昌的支持下，于1870年提出了派遣幼童赴美留学的计划。基于曾国藩的地位和影响，为了引起清廷的重视，曾国藩决定由他领衔会奏，清廷迅即批准。

按理来说，留学生正监督一职应当由精通英语、擅长西学的人来担任。也就是说，非容闳莫属。但是朝中的顽固派却表示出激烈的反对。为了能让留学成行，曾国藩、李鸿章又联袂领衔会奏朝廷，决定在为留学生设立的两名监督中，正监督由翰林出身、思想保守的刑部主事陈兰彬担任，副监督则以容闳任职。

1872年8月，第一批30名幼童（年龄定为10～16岁）抵达美国，揭开了中国近代历史上批量走出国门、留学西方的第一页，是中国近代教育史上的一座里程碑。此后的三年时间里，中国留学生分三批按计划抵达美国。他们用自己的刻苦耐劳、勤奋好学征服了西方人，许多人的成绩甚至在美国学生之上。

据当时美国《纽约时报》报道：

> 中国幼童均来自良好高尚的家庭，经历考试始获甄选。他们机警、好学、聪明、智慧，像由古老亚洲来的幼童那样能克服外国语言困难，且能学业有成。吾人美国子弟是无法达成的。

幼童们赴美后的积极奋进，刻苦学习的精神以及美国人士的好评，让容闳内心极为欣慰。但没有想到的是，支持自己实现此项"教育计划"的曾国藩却于1871年冬因病逝世，这一噩耗令容闳感到无限惋惜与悲痛。他说，如果上苍"赐以永年"，使之"得见其手植桃李，欣欣向荣""手创事业之收效"，"其乐当如何耶？"

令容闳更加没有料想到的困难接踵而至。曾国藩的去世使他的"教育计划"失去了有力的后援，以致这些留学幼童逐渐习染西风，开始西装革履，信奉基督教，尤其是不习汉文，不再遵守封建礼节。时任留学生正监督的陈兰彬及其继任者吴子登等人便与朝廷内部的顽固派沆瀣一气，对派遣幼童赴美留学的"错误做法"群起攻击。他们认为这些学生"若更令其久居美国，必致全失其爱国之心，他日纵能学成回国，非特无益于国家，亦且有害于社会"，为了防患于未然，应当马上将留美学生尽数撤回，"能早一日施行，即国家早获一日之福"等。

这场斗争实际上是改革与保守、前进与倒退、西学与中学之争，自始至终能够坚定不移地站在支持方一边的，整个朝廷里只有容闳一人。虽然李鸿章对留学生给予了一定的同情，却也是爱莫能助。他只能在朝野的反对声中采取妥协的方针：在责令正副监督对留学生进行严加管束的同时，向美国政府提出希望能让中国留学生进入美国陆海军专门军事院校学习的交涉，希望以此培养出国家所急需的高级军事人才，同时也可减轻顽固派所施加的压力。然而美国政府却断然拒绝了这一要求。容闳的一再努力终归无效，1881年夏，清廷最终做出解散留学生事务所、撤回全部留学生的决定。

堪堪功败垂成之际，容闳并不甘心就此承认自己努力的失败，毕竟他为此耗费了全部的精力。此时，自1872年以来先后赴美的留学幼童中，最小的也已满20岁。在他们中间，有很多人不仅已高中毕业，甚至已经考入耶鲁、哥伦比亚等名牌大学，他们若是中道辍学，那将令人十分惋惜。

于是容闳向美国友人呼吁并请求他们伸以援手，希望他们可以利用自己的身份向清政府施压，请政府收回成命，让留学生们在美国继续学业。哪怕读的不是军事院校，理工及其他高等院校也是可以选择的对象，学成归国后，一样可以帮助大清加快国家近代化的进程。

容闳的呼吁博得了美国教育人士的响应，一时之间，致清政府的函文如雪片般飘落在皇帝的案头。在这些信中，美国耶鲁大学校长波特及美国教育界众多名流联名呈递给清总理各国事务衙门的信最为真诚殷切。他们在信中说道："（留学生们）自抵美以来，人人能善用其光阴，以研究学术……成绩极佳……咸受美人之欢迎……实不愧为大国国民之代表，足为贵国增荣誉也。"波特及众多名流希望，清政府能够收回成命，并特地指出："令学生如树木之久受灌溉培养，发芽滋长，行且开花结果矣，顾欲摧残于一旦而尽弃前功耶？"

可言者谆谆，听者藐藐，清廷顽固派依然反对派遣留学生出国，严令这些在海外求学的孩子们必须全部克期归国。1891年11月，除了坚决不归以及夭亡于异国他乡的28人外，剩下的94人全部回到上海。

至此，容闳心中最为华彩的教育救国之梦就这样破灭了。

虽然派遣幼童赴美留学一事本身未能善始善终，但也未遭完败，因为这百余名归国留学生仍然为祖国的富强奉献出了自己的一份力量。因而容闳后来说：

> 今此百十名学生，强半列身显要，名重一时，而今日政府（指清廷）似亦稍稍醒悟，悔昔日解散留学事务所之计划，此则余所用以自慰者。

昔日轰轰烈烈的派遣留学生行动在保守派的干扰下无奈地落下了帷幕，而晚清政府则是更加风雨飘摇。国际上的环境已经容不得晚清政府明哲保身，唯有与世界相沟通，方可能争得一席容身之地。虽然清政府所采取的接轨方式过于简单，对危机四伏的统治也没有什么帮助，但多少也迈出了第一步。

强军之梦,洋务派的奋争

1866年12月11日,闽浙总督左宗棠在《详议创设船政章程折》中提出设立艺局"为造就人才之地",同日又上奏清廷以《密陈船政机宜并拟艺局章程折》,进一步阐述道:

> 夫习造轮船,非为造轮船也,欲尽其制造、驾驶之术耳,非徒求一二人能制造、驾驶也,欲广其传,使中国才艺日进,制造、驾驶辗转授受,传习无穷耳。故必开艺局,选少年颖悟子弟习其语言、文字、诵其书,通其算学,而后西法可行于中国。

他同时指出"艺局初开,人之愿习者少",必须采取"非优给月廪不能严课程,非量予登进不能示鼓舞"等措施,还提出在"恭呈御览,伏恳天恩俯准照拟办理"的同时,"即饬司刊刻章程,出示招募艺局子弟"。后朝廷照准创办福州船政学堂,又名求是堂艺局,或者称马尾船政学堂,是福州船政局办的一所近代海军学校。

同治五年(1866年)十一月十七日,船政工程全面动工,求是堂艺局亦于同时开局招生。次年，英桂在给总理衙门的《陈办理船政事》一函中提到："于十一月十七日开局，先行鸠工庀材，派委员绅和洋员督同砌岸筑基，缭垣建屋。习学洋技之求是堂，亦经开设，并选聪颖幼童入堂，先行肄习英语、英文。"可见当时最先开设的科目为驾驶专业。

同治五年十二月初一，求是堂艺局正式开学。校址最初设立于福州城内定光寺（又称白塔寺）。不久之后又借来城外亚伯尔顺洋房，作为造船专业的学生就读的教室。从工程刚开始就借地办学，把"船政根本在于学堂"的战略思想付诸实践，这一点足见创办者的战略眼光。1867年，马尾造船厂建成，改名为马尾船政学堂。马尾船政学堂是中国第一所近代海军学校，在沈葆桢的苦心经营下，培养出了中国第一批近代海军军官以及第一批工程技术人才，中国近代海军和近代工业的骨干中坚都是由此毕业的学生。

马尾船政学堂，分为前后两个学堂。前学堂又称"法语学堂"，为制造学堂，主设有造船专业，目的是培育船舶制造和设计人才。学堂不仅开设有法语、基础数学、解析几何、微积分、物理、机械学、船体制造、蒸汽机制造等基础课程，还安排学生到各船厂进行实习。优等生更会作为公派留学生前往法国继续学习深造。

后学堂也称为"英语学堂"，为驾驶学堂，主要专业为驾驶专业，旨在对海上航行驾驶的人员和海军船长进行培养。后来又增设了轮机专业，下设英语、地理、航海天文、航海理论学等课程。同时，作为未来对船只的实际操作者，后学堂要求学生必须要上船实习。学习优异的学生将会被选送到英国留学。

马尾船政学堂正式成立的同年，在前学堂内又附设了绘事院，专门培养工程绘图人才。次年,沈葆祯为了对技术工人进行培养,又在前学堂内增设一所技工学校——艺圃。艺圃的艺徒半天上课半天工作,以3年为学习期限,其中的优异者将同前学堂学生一起赴法国各大船厂实习,其余的则安排进国内船政各厂工作。

船政学堂的学风之严谨,在国内十分有名。教学中,学堂不仅注重基础理论,更对理论与实际的结合分外看重。为了让前学堂和后学堂的学生进行实际的实习演练,船政专门制造和购买了数艘教练船。

马尾船政学堂自成立以后,为中国近代海军和近代工业培养了大批的优秀人才,因此李鸿章曾盛赞其为"开山之祖"。

为学习西方的"艺事",而需要开设新式学堂,这就是求是堂艺局开设的目的。求是堂艺局在中国教育的近代化中,开启了先河。左宗棠在创办福州船政局时曾说过:"兹局(求是堂艺局)之设,所重在学造西洋机器以成轮船,俾中国得转相授受,为永远之利。"

继福州船政学堂之后,李鸿章于光绪六年(1880年)七月十四日再次奏请朝廷成立北洋水师学堂。朝廷准奏。

北洋水师学堂成立于光绪七年七月,校址选择在天津城东八里、大沽口东北的东机器局附近。创办初期,北洋水师学堂的总办为吴赞诚,但因为其身体状况不佳,学堂即将竣工时,吴仲翔在李鸿章的推举下接过学堂总办的职务。同年,著名启蒙思想家严复应李鸿章之招,自福建船政局调津任天津水师学堂总教习。

创设伊始,学堂拟定了详细而严格的章程,对招考条件、学习期限、待遇奖惩等都做了具体规定。开办一年后,学额未满,成效也不是特别明显，同时招来的学生中也"少出色之才"。因此李鸿章将原定章程加以修改，告示于民。改后的章程重点有两条：一是提高待遇，将原定"学生月给赡银改为月给四两"。这意味着即便是八口之家，一旦有学生入选学堂，整个家庭的生活都可以有所保障。二是加重奖赏，"此间学生若果卓有成就，本大臣定当从优奏奖，破格录用"。

章程修改后，学堂面貌大有改观，入学者也越来越多。

学堂的学制为5年，学科主设轮船驾驶和轮机管理两科，目的是为给北洋水师培养海军人才以及储备技术力量。学堂由中外籍教习授课，开设地理、代数、几何、水学、热学、天文学、气候学、绘图、测量、枪炮操演、鱼雷、机械仪器使用等课程，主科为英语。每星期两天学习中文经籍，目的是"教之经俾明大义，课以文俾知论人，沦其灵明，即以培养其根本"。

课程修满后，为了让学生所掌握的理论与实际更好地联系起来，学生们都要上船实习。

北洋水师学堂给北洋水师输送了许多军事技术人才。李鸿章为此感到十分欣慰，感叹道："臣于天津创设水师学堂，将以开北方风气之先，立中国兵船之本。"

光绪二十六年，八国联军入侵天津。6月17日凌晨，侵略军攻陷了大沽口炮台，开进天津卫。10天之后，以俄军为主的一支部队，将无数炮弹倾泻在天津机器局，机器局城垣内的水师学堂连同其所在的机器局一并毁于战火。至此，一座苦心经营30余年，耗费了巨大投资的机器局，和经营20年，培育出无数优秀海军人才的水师学堂尽数毁于列强之手。

技术立国，学皮毛

随着洋务运动步伐的大迈进，"运动"中的致命缺陷也越发显现出来——那就是如果想真正实现富国强兵的目标，单单靠培养军事人才是不行的，必须全方位地占有当前世界上全部的领先学科。当李鸿章看到洋人使用每秒30万公里传输速度的电报，而清政府还在使用驿站快马加鞭的方式传递情报时，办电报学堂及掌握世界领先技术的想法与日俱增。

其实，在架设电线之前，中国已经自己开始创办电报学堂了。福州电报学堂就是中国的第一家电报学堂。1875年，丁日昌任福建巡抚后，将老百姓所拔的丹麦大北电报公司在厦门福州间和马尾擅自架设的电线杆和电线"买回拆毁，仍将电线留存，延请洋人教习学生"。这就是福州电报学堂。大北公司的工程师成为学堂里的洋教习。至于学生来源：一是从广州、香港招来的精通英文者，二是船政学堂已有一定数学知识的学生。

津沽电线架设之初的1880年，李鸿章即于当年10月派官员在天津设立电报学堂，聘丹麦大北电报公司洋人来华"教习电学打报工作"。李鸿章认为,自己设学堂培养电报人才,可以做到"自行经理,庶几权自我操,持久不敝"。可见设电报学堂其实是为了把电报业的利权掌握在自己的手中。

事实上,天津电报学堂所起的巨大作用在中国电报事业发展中无法抹杀。随着津沪、沪汉、沪浙闽粤等电线的架设,对电报人才的需求极为迫切,一时"皆由天津学堂随时拨往"。学生的供不应求进一步促进了学堂的发展,一年后,天津电报学堂即"招谙习英文学生四五十名一体教习",但仍不能满足社会上的需要。

为此,左宗棠于1882年在南京设同文电学馆。此学馆采取淘汰制,放宽对所招学习电报的幼童的人数限制,注重在学习的过程对其资质进行考查,做到"聪颖者留,鲁钝者去"。这在一定程度上对学生的整体素质及专业技能有所提高和促进。

1883年,电报在全国范围内推广开来,电报专业的人士成为各地急需的人才。为了满足需要,在上海成立起一座较大的电报学堂。没用多长时间,上海便成为清朝训练电报人才的中心。正像李鸿章所说的那样,"因推广各省电线,在上海添设电报学堂教习学生",以分拨各地。

在洋务运动中所成立的所有实业学堂中,最名副其实的应属实学馆,而实学馆中当推广东为先。这是由两广总督刘坤一所倡导的。刘坤一对广东同文馆只学习外语,而不务实业之学很是不满,且"专用旗人子弟,一味训课时文,虽仍聘一英员教习,略存其名","毫无实际"。他认为,根据当时的形势,务实的"西学馆之设,诚为急务"。于是在1876年时"以银八万元购买黄埔船澳为将来扩充机器局及开设西学馆地步"。这种西学馆的特点,"自不在外洋语言文字之末，以力求实际为是"。为办好这种务实的西学馆，刘坤一捐银 15 万两。

虽然广州西学馆是在刘坤一的提倡下建立起来的，但使它真正成立起来的却是后来担任两广总督的张树声。在他的眼里，只有学习西方科学技术知识，才能有所创造。刘坤一所捐的 15 万两银子，正给了张树声以启动资金，购买外国船坞，"可为考证学业之资"。一年之后工程结束，开馆，取名"实学馆"。学习的科目主要是制造。当时在籍丁忧的翰林院编修廖廷相被招聘为总办馆务。

1883 年，督办宁古塔等处事宜的吴大澂奏请在吉林创办表正书院，"数理精深，又能循循善诱"的江苏候补知县了乃文接受掌管教习事宜的委任，分教习则为候选从九品廖嘉缓。该书院的校址在吉林机器制造局东部，有房屋 26 间，隶属于总办机器局的江苏候补同知朱春鳌负责监督建造。其学生来源，是"吉林府教授衙门送满汉生童三十余名住院肄业，专令学习算法"；"该生童等有志向学，渐入门径，颇有可造之才，将来日进有功，与机器制造测量诸法，触类可通"。吴大澂在奏折中指出，学生的学习颇有成效。由此便可知道，表正书院的兴办与军用的制造局有着密不可分的关系。

应洋务事业需要，台湾巡抚刘铭传在台湾成立台湾西学堂。

之所以台湾要拥有自己的"西学堂"，首先是因为"台湾为海疆冲要之区，通商筹防，动关交涉"，然而台湾地区没有精通外国语的人才，内地的人才也处于紧缺状态中，难以向台湾输入；其次是"台地现办机器、制造、煤矿、铁路"等工业企业，对此类科技人才有着迫切的需求。

1887 年 4 月，台湾西学堂正式建立。首批招收 20 余名"年轻质美之士",聘两位汉教习,并"延订英国人布茂林为教习","于西学余间,兼课中国经史文字,即使内外贯通,亦以娴其礼法,不致尽蹈外洋习气,致堕偏颇"。

学堂的学生在第一年学习外语,而后"渐进以图算、测量、制造之学,冀各学生砥砺、研磨,日臻有用"。这样,台湾便涌现出大批的外交人才,以及备有工业近代化中所需的科学技术等的工程管理人才。

在晚清兴办事业学堂的浪潮中,湖北自强学堂不可忽视。

1893年10月,张之洞在武昌建立湖北自强学堂。学堂分为方言、算学、格致、商务四斋,也就是四门专业,每个月均会以考试的形式对学生的学习成绩予以考核。

在四门专业中,张之洞将重点放在了方言,也就是外语上。在方言斋就读的学生必须在学堂居住,直到毕业为止。其余的三斋学生可以自行选择是不是住校。对此,张之洞认为:"自强之道,贵乎周知情伪,取人所长,若非精晓洋文,即不能自读西书,必无从会通博采。"不过随着局势的发展,学堂开始重视技艺的掌握,并在1896年,把原铁政局内的化学堂并入到湖北自强学堂,成为单独的一门专业。

与其他实物学堂不同的是,张之洞的湖北自强学堂对国外有关工农商等方面的技艺书籍分外关注,并大量引入翻译此类著作。张之洞认为,随着事物的不断发展,现在的形势与以往已经大不一样,因此,在对交涉公法和武备制造等书进行翻译时,也要对其他领域的书籍有所涉猎。张之洞称,"方今商务日兴,铁路将开,则商务律、铁路律等类,亦宜逐渐译出,以资参考,其他专门之学,如种植、畜牧等利用厚生之书,以及西国治国养民之术,由贫而富,由弱而强之陈迹"等各方面的书,都应该进行笔译并且广泛刊发及流传,"为未通洋文者收集思广益之效"。

倡导实务,向西方学习,实质上是要推动中国的近代化进程。然而,在腐朽没落的封建政治制度环境下,任何努力都只是治标不治本。

安内攘外，师夷长技以自强

李鸿章在上海剿灭太平军的过程中，发现外国枪炮性能优越，杀伤力强，而中国自己生产的枪炮质量却非常低劣。为了在战场上掌握主动权，他决定用西方新式武器装备淮军。

通过兄长李瀚章，李鸿章在广州购买了大量的西方新式枪炮，这些武器不仅用来武装改编后的淮军，同时也分拨给曾国藩、曾国荃的湘军使用。从1862年6月开始，李鸿章的淮军里面也出现了"洋枪队"。从此，湘淮两军开始了新式武器的使用。

曾国藩并不迷信洋枪洋炮，他更注重战争中人的作用。当时，曾国荃屡次要求李鸿章为他代买洋枪洋炮，曾国藩就表示，打胜仗"在人不在器"，关键还是将兵训练好。

这种认识确实存在一定的误区，不过当时的曾国藩受到种种条件的制约，没有认识到武器设备在近代化战争中的重要作用。他并不保守，对洋枪洋炮的威力有所了解后，不仅不再对李鸿章的行动表示反对，反而给了他的这个得意门生以大力支持。可以说，正是在曾国藩积极地扶持和引导下，李鸿章才走上了洋务强国的道路。

最终，在奕䜣的帮助下，李鸿章的建议终于得到了慈禧太后的首肯，允许他在"剿匪"的前提下，学习制造军火。

这期间，李鸿章的洋务自强思想也在实践中不断得到深化。他认识到，想要自立自强，外国的生产技术必须掌握，长期依靠购买西方军火，只能增加对外国的依赖性。国家创办和发展自己的军工企业，实现自主生产才是强军的唯一途径。从此，他开始有意识地与经验丰富的外国军事人员接触，学习相关知识。在不断地了解过程中，他逐渐坚定了生产西式武器的决心。

1862年10月，在李鸿章所提供的军费资助下，技工们由韩殿甲领导，开始生产炸药及雷管。次年，英国人马格里在李鸿章的雇用下，会同直隶州知州刘佐禹，首先在上海设立了一个洋炮局，这是上海最早成立的洋炮局，主要生产炮弹铜帽等军用品。

1863年9月，李鸿章将曾国藩的幕僚丁日昌调到上海，再建一局，对西式的短炸炮以及各种新式炮弹进行仿造。

早在李鸿章组建淮军时，就曾提议让丁日昌跟自己去上海；而曾国荃则提出要丁日昌跟自己去攻打太平天国的首都天京（今南京）。结果曾国藩谁也没有给，把丁日昌和李瀚章一起派到广东去办理厘金事宜去了。当时还在到处寻找人才的李鸿章听说丁日昌在广东军营已经督制出了36尊大小炮、2000多发子弹，心下十分羡慕，动了让他来主持炮局的心思。于是他便极力追着曾国藩要人，终于把丁日昌调到了上海。

其后的事实足以证明丁日昌的炮局是最有成效的，因为他办的炮局能制造"田鸡炮（迫击炮）"，还有能发射80磅炮弹的"开花炮"。后来，丁日昌一直跟随李鸿章做事，已然成为他身边最得力的助手，并成为"洋务运动"的积极实行者。

三个洋炮局先后成立，李鸿章将其合称为上海"炸弹三局"，当时也称之为上海洋炮局。

按理说，随着1864年5月苏南各城的收复，与太平天国的战争已经接近尾声。此时的洋枪洋炮制造也该放松下来。但李鸿章不仅没有放松，反而认为更应当继续加强。同时，他进一步强调，要在仿制洋枪洋炮的基础上，逐渐学会制造"制器之器"，而且刻不容缓。他还建议朝廷向近邻日本学习，将西方的先进技术掌握在自己的手中，以此来加强国家的国防力量，扭转被动挨打的局面，再现中华世界强国的荣耀。

由韩殿甲和丁日昌分别主持的炸弹局，"都不雇用洋匠，只选中国工匠，仿照外洋做法"，采用手工铸造炸炮的方式。

由"炸弹三局"生产出来的各种弹药被源源不断地送往与太平军作战的前线，不仅为李鸿章镇压太平天国起义提供了有力的支持，也为他日后创办江南制造总局、金陵机器局积累了宝贵的经验。

成立于1867年9月的江南制造总局又称上海机器局，初建时以生产枪炮弹药为主，待到后来修船造舰方面也能胜任，成为一家综合性的新式军用企业。曾国藩和李鸿章师徒二人成立江南制造总局的主要目的是"自立自强"。二人事无巨细，无论是机构的设立还是人事的任免，甚至是购置机器他们都要过问，这使得江南制造总局从一开始就有了强大的人力和物力支持，发展得非常迅速。

1864年，淮军攻占苏州，马格里、刘佐禹主持的洋炮局被李鸿章迁往苏州，成立了苏州洋炮局，地址设在太平天国纳王府。这期间，在李鸿章的允准下，马格里又从外国购买了一批机器，所以，洋炮局的规模不断扩大，生产也颇有成效，每一星期就可以生产1500～2000枚枪弹和炮弹，还制造了规模不同的开花炸炮。鉴于此，奕䜣于1864年5月奏请朝廷允准，从保卫宫廷的火器营中选出8名武弁、40名兵丁前往苏州洋炮局学习。此时的李鸿章已经成了让人们另眼相看的洋务派首领之一了。

苏州洋炮局被李鸿章迁到南京后改名为金陵制造局。搬迁至南京后的金陵制造局规模逐渐扩大，生产力也随之迅速提高。该局主要以生产各种口径的大炮、炮弹和子弹为主，其他军用品也兼顾生产。该局以南京中华门外的瓷塔山为局址，规模又有所扩充，设备也有所改进，到1879年计有三个机器分厂，翻砂、热铁、柞厂各两个，还有火箭局、洋药局、水雷局等，能够制造炮位门火、车轮盘架、子药箱具、开花炮弹、洋枪、抬枪、铜帽、大炮、水雷等。

1864年5月，同太平军的战争即将结束，李鸿章再次强调制器事宜刻不容缓。他在致总署函中说：

> 前者英法各国以日本为外府，肆意诛求，日本君臣发愤为雄，选宗室及大臣子弟之聪秀者往西国制器厂师习各艺，又购制器之器在日本制造，现已能驾驶轮船造放炸炮。去年英人虚声恫吓，以兵临之，然英人所恃为攻战之利者，彼已分擅其长，由是凝然不动，而英人固无如之何也。
>
> 日本以海外区区小国，尚能及时改辙，知所取法，然则我中国深维穷极而通之故，夫亦可以皇然变计矣。

1865年，李鸿章接过曾国藩两江总督的职务。这时候的他发现，三个洋炮局的设备不全，于是在曾国藩的支持下，将原来设在上海的两个洋炮局与上海虹口的一座旗记铁厂合并，扩建为江南制造总局。江南制造总局规模极大，该局经费来自于两江海关二成的洋税，主要制造军械。此外，江南制造总局还附设译书局，专门翻译外文科技书籍。

该局以"自立""自强"为主旨，从经费的筹措、机器设备的购置、管理人员的委派，到洋匠的雇用、机构的设立等问题，李鸿章和曾国藩都要一一过问，可谓尽心尽力。1867年夏天，江南制造总局从虹口一带迁至高昌庙，规模继续扩大。后经陆续扩充和添置设备，到19世纪80年代上半期，制造总局已拥有各种工厂十余座，船坞一座。到1867年，用原有购置的设备及部分自造机器，每天已能生产毛瑟枪15支，12磅开花弹100发；每月平均生产发射12磅炮弹的开花炮18门。自1867年至1894年27年间，该局共计生产各种枪支5万多支，大炮585尊，水雷563枚，炮弹12万发以上。这些军工产品统一由清政府调拨，除供应淮军外，还供应南洋系统及各地的炮台、军舰，各总督所辖地区的军队。在制造枪炮之外，江南制造总局同时还生产"制器之器"，也就是生产制造机械。

除此之外，洋务派还专门设立了一个制造轮船的分厂。李、曾二人都清醒地认识到，要对付西方列强，实现自强，关键在于对海域的争夺，因此，就要多造船，用来更好地防御沿海各个重要港口。为了达到这个目的，曾国藩又奏请另外划拨两江海关的两成洋税，其中一成作为江南制造总局专造轮船的费用。终于，江南制造总局在1868年造出了第一艘大型新式兵轮。中国近代的船舶制造业从此开始。

李鸿章调任直隶总督之后，对崇厚所办天津机器局进行了接管并加以扩充。在他的经营之下，天津机器局分设东西两局，规模比以前大得多，主要生产火药、枪弹、炮弹、水雷等，辅之以修造船舰等。产品主要供应给淮军以及北洋水师。

这几个由李鸿章创办及接办的制造局，加上左宗棠于1866年创办的福建船政局，成为中国早期军事工业的主干。几年间，初具规模的制造局奠定了中国军事近代化的根基。在李鸿章和曾国藩的带领下，许多省份也先后用"机器局""制造局"的名义，不断设立军火工厂。至此，中国通过多年的不懈努力，终于开始有了自己生产新式武器的能力，从根本上改变了清朝军队的落后状况，走上了国防近代化的道路。

旱路不通走水路

西方列强用鸦片带走了中国的白银，用军舰大炮轰开了紧闭的国门。一次又一次的战败赔款，已经不是自给自足的农业经济所产生的价值所能予以支付的。人民还需生存，朝廷还要开销，国家总不能这样委屈地活着，想办法再组大清的经济命脉方是道理。轮船招商局便是这一理念下的产物。

1873年，一艘悬挂着双鱼龙旗的中国商轮出现在长江之上。它的出现，标志着中国的水上交通由木船时代进入了轮船时代，代表了中国航运的一个新开端，属于中华民族自己的民族航运正式开始，具有划时代的重大意义。

早在1867年，轮船招商局的成立便已经在洋务派领导人的头脑里有了一个雏形。曾国藩在与总理衙门的来往信件中，提到过在已经开放的通商口岸里，不少商人为了实现更为便利的运输，或购买、或租赁、或雇用西方的轮船，同时又在西方商人的名下挂名，导致国家的税收大量流失。财政上本就捉襟见肘的清政府对此状况自然不能视若无睹，唯有解除购买或租雇洋船的禁令，方能让暗箱里的操作摆在明面上，才能获得一部分的税收。

毕竟，挂名在西方商人名下的举动，对于国内商人来说也具有很大的风险，唯有中国人自己名下的轮船公司，方能兼顾到国家和个人双方的利益。因此，不少商人希望成立属于中国人的新式轮船企业。

清政府不是不明白这点，但朝廷所担心的最大问题是中国航运业会受到外国公司的控制，甚至落到西方列强的手中，如此一来，不仅商业方面的运输起不到效果，就连关系到国家命脉的漕粮输运都要看西方人眼色行事。因此，对当时容闳所提出的按西方公司章程去筹组新式轮船企业的建议，总理衙门抱着非常大的戒心，批示称：轮船必须为华人所有。

1871年，李鸿章在致山西按察使张树声的信函中强调，"倡办华商轮船，为目前海运尚小，为中国数千百年国体商情财源兵势开拓地步则大"。

这短短的一句话包含了国体（政治）、商情（经济）、财源（财政）、兵势（军事）四方面的内容，可见轮船招商局的成立对于已经是日落黄昏的大清帝国存在着何等重要的意义。

轮船招商局成立之初，仅4艘轮船，总吨位仅2319吨；等到了11年后的1883年，便已拥有26艘轮船，33370吨的总吨位。略算一下便可得知，这11年里隶属于轮船招商局的船只增长5.5倍，而吨位的增长却多达14倍有余。这意味着所增加的船多以大吨位为主，其经营规模和运输能力也在不断地扩大和提高中。轮船招商局所拥有的资本总额更是从最初的59.9万两激增8.5倍，达到了533万多两。短短10年间，一支颇具规模的商业船队迅速建成，

"由内江外海以至泰西，逐渐开拓……或江、或河、或湖、或溪之间，皆有轮船往来，如此则华商火船之生业可以无所限止矣"。

船舶修造业与轮船的航行有着密不可分的联系。据资料显示，自1874年至1894年，20年间新建立的船舶修造厂家多达30家。也就是以招商局为龙头，带动了一大批为之服务的修造工厂，规模可观的近代船舶修造行业建立起来。

招商局开办后，要消耗大量燃料，煤矿开采业也因此得到了发展，近代煤矿业也随之而生。在众多煤矿中，规模最大的当属李鸿章开办于1878年的开平煤矿。开平煤矿之创办采用了招商集股的方式，计划中的首期达80万两（实际上1878年仅募得20万两），第二期则增加到100万两。在充足的资金条件下，拥有当时最为完善和先进的设备，其雇工更是多达3500—4500人，在当时洋务派开办的企业中，完全是一个空前的规模。其所开采出来的煤矿，除了可以满足招商局等官督商办企业、北洋海军的需求以外，在市场上也有大量的销售。

燃料问题解决后，又要进一步解决原料问题。同茂铁厂的创办及各种有色金属，如铜矿、铅矿、金矿之开采解决了此类问题。煤与各种金属矿厂的开办，陆上运输的问题又接踵而至，于是导致了铁路的建筑。因铁路的修建，需要大量优质钢材，于是，1889年洋务派开始筹办汉阳铁厂。通讯、保险等事业也被提上日程——天津电报局于1880年开办，中国第一家船舶保险公司保险招商局也于1875年成立。此外，随之而起的是各行业人才的培养以及规章制度的创建。总之，在19世纪七八十年代短短20年时间里，一系列近代企业相继出现，取得了可喜的成果，而中国国民经济近代化事业也迈开了坚实的步伐。

李鸿章给总署衙门的信中，已经明确说明创办轮船招商局的直接目的：首先是将华商附搭洋行船只的资本收回；其次是收回长江外海航运权力，揽载客货，承运糟粮。这两条都是为了改变洋商在中国江海任意横行的局面，直接针对外国资本主义经济侵略势力而制定的。因此也可以说，轮船招商局的成立，是近代中国收回利权运动的伊始。

轮船招商局的成立与其所达到的效果，对中国民族资本主义的发展无疑起到一个巨大的促进作用，同时，也在一定程度上遏制了西方社会在经济上对中国的掠夺，是洋务派在救国图存过程中一个具有重要意义的举动。更重要的是，轮船招商局的成立，让世人看到了封建经济在新时代的无能，以及新的经济形式所起到的效果，为日后的大革命时代打下了一个基础。